英語の語彙システムと統語現象

英語の語彙システムと統語現象

大石　強　著

知泉書館

目　次

Ⅰ　派生名詞とθ理論 …………………………………………………3
　0.　はじめに ……………………………………………………3
　1.　名詞的派生名詞と動詞的派生名詞 …………………………6
　2.　指定辞の位置の名詞句 ………………………………………8
　3.　of 前置詞句の名詞句 …………………………………………9
　4.　by 前置詞句の名詞句 …………………………………………11
　5.　θ役割具現と目的語項前置 ……………………………………13
　6.　まとめ …………………………………………………………18

Ⅱ　項構造と語彙規則 ……………………………………………………19

Ⅲ　心理動詞について ……………………………………………………29

Ⅳ　語構造と束縛理論 ……………………………………………………37
　0.　はじめに ……………………………………………………37
　1.　語内における束縛理論 ………………………………………38
　2.　DP と指示指標 ………………………………………………43
　3.　Self と総合的複合語 …………………………………………46
　4.　まとめ …………………………………………………………47

Ⅴ　英語名詞化における継承現象 ………………………………………49
　0.　はじめに ……………………………………………………49
　1.　問題整理 ………………………………………………………52
　2.　主語項の随意性 ………………………………………………54
　3.　内在格 …………………………………………………………57

4. 概念構造 ……………………………………………………… 59
　　　5. 残った問題 …………………………………………………… 64
　　　6. まとめ ………………………………………………………… 66

Ⅵ　二重目的語と総合的複合語 ……………………………………… 67
　　　0. はじめに ……………………………………………………… 67
　　　1. 先行研究 ……………………………………………………… 68
　　　2. 二重名詞句構造と名詞編入 ………………………………… 70
　　　3. 内部領域 ……………………………………………………… 77
　　　4. まとめ ………………………………………………………… 78

Ⅶ　心理動詞と名詞化 ………………………………………………… 79
　　　0. はじめに ……………………………………………………… 79
　　　1. 心理動詞とθ役割 ……………………………………………… 80
　　　2. 心理動詞と形容詞的受動形 ………………………………… 85
　　　3. 心理動詞と名詞化形 ………………………………………… 90
　　　4. まとめ ………………………………………………………… 94

Ⅷ　語彙規則と表示レベル …………………………………………… 95
　　　0. はじめに ……………………………………………………… 95
　　　1. 三つの表示レベルの関係 …………………………………… 96
　　　2. 語彙概念構造 ………………………………………………… 97
　　　3. 述語・項構造 ………………………………………………… 99
　　　4. 統語構造 ………………………………………………………105
　　　5. まとめ …………………………………………………………109

Ⅸ　派生動詞と使役交替 ………………………………………………111
　　　0. はじめに ………………………………………………………111
　　　1. 先行研究に見られる使役交替の方向 ………………………113
　　　2. 使役交替を起こす動詞の接辞付加による派生 ……………117
　　　3. 使役交替の方向 ………………………………………………121
　　　4. まとめ …………………………………………………………122

Ⅹ 接尾辞 -(i)an,-ite,-ese,-er について ……………………… 123
   0. はじめに …………………………………………………… 123
   1 先行研究の記述と課題 …………………………………… 124
   2. インターネット検索によるデータ ……………………… 128
   3. 各接尾辞付加の特徴 ……………………………………… 143
   4. まとめ ……………………………………………………… 144

Ⅺ 受動名詞形について …………………………………………… 145
   0. はじめに …………………………………………………… 145
   1. 動名詞的名詞化形と行為名詞化形 ……………………… 147
   2. 派生名詞化形の特徴 ……………………………………… 148
   3. 行為名詞化形の特徴 ……………………………………… 153
   4. まとめ ……………………………………………………… 156

Ⅻ 総合的複合語に課される条件 ………………………………… 157
   0. はじめに …………………………………………………… 157
   1. 総合的複合語の定義 ……………………………………… 157
   2. 総合的複合語に課される条件 …………………………… 160
   3. まとめ ……………………………………………………… 170

本書について ………………………………………………………… 171
参考文献 ……………………………………………………………… 175
索　引 ………………………………………………………………… 181

英語の語彙システムと統語現象

I
派生名詞とθ理論

0. はじめに

　動詞から派生した派生名詞は，基本的に動詞の項構造（argument structure）を一定の仕方で継承することが知られている[1]。

(1) a. The enemy destroyed the city.
　　　b. the enemy's destruction of the city

　そうすると，派生名詞において，引き継がれたθ役割がどこに付与され，どのような形で具現されるかが問題となってくる。しかし，これは一筋縄ではいかない問題で，種々の提案が入り乱れている現状がある。
　θ役割がどこに具現されるかという問題については，文といつも対応しているとは言えないという例がRozwadowska(1988)で示されている。

(2) a. The book delights the public.
　　　b. *the book's delight of the public
　　　c. the public's delight in the book

　本稿の例文の一部について，新潟大学外国人教師 Damian Whalen 氏の判断をあおいだ。ここに記して感謝の意を表明する。
　1）　継承については，Randall(1985, 1988)が継承の原理 (Inheritance Principle) を提案して説明している。

(3) a. The books amused John.
　　b. *the book's amusement of John
　　c. John's amusement at the books

　(1)の例で文と派生名詞との対に対応関係が認められるのに対し，(2)，(3)の例では対応していないように見える。
　また，派生名詞の補部が前置された形をしているものがあるが，このような形はいつ可能であるのかという問題もある。

(4) a. the city's destruction by the enemy
　　b. the city's destruction
　　c. *the destruction by the enemy
(5) a. the understanding of the book
　　b. *the book's understanding　　　(Fellbaum 1987)
(6) a. John's enjoyment of the film
　　b. *the film's enjoyment by John　　(Rozwadowska 1988)

　(4a), (4b), (5b), (6b)のような前置された形を説明するために，目的語の意味内容により制限されるとするAnderson (1978)の方法，主要部の派生名詞の意味内容により制限されるとするFellbaum (1987)の方法，そもそも前置という操作などなく，派生名詞の項の分布に全く独立した制限が存在するというRozwadowska (1988)の方法などが提案され，一見混沌とした様相を呈している。
　また，(4b)と(4c)を比較すると，θ役割がどこに具現されるかという問題だけでなく，どんなθ役割が具現しなくともよいのかという問題もある。
　次に，θ役割がどんな形で具現されるかという問題には，基本的に次の二点が係わってくる。第一に，of前置詞句が主語のように解釈される場合と目的語のように解釈される場合の二通りがあるということである。

(7) the arrival of the train

(8) discussion of these issues

　しかも，派生名詞の別によって of 前置詞句の役割が区別されるという事実だけでなく，同じ派生名詞を用いながら二通りの of 前置詞句が存在するという事実がある。

(9) the examination of the experts　　(Quirk et al. 1985)
(10) the examination of the fireman　　(ibid.)

　(9) の the experts は主語のように解釈される読みが優先し，(10) の the fireman は目的語のように解釈される読みが優先する。
　θ 役割がどのように具現されるかという問題の二番目は，指定辞の位置に生じている名詞句がどのような θ 役割の具現形かということである。

(11) the fireman's examination　　(Quirk et al. 1985)
(12) the student's examination　　(ibid.)

　(11) では，the fireman が主語のように解釈される読みが優先し，(12) では，the student が目的語のように解釈される読みが優先する。
　ただし，次のように，主語・目的語の両方が係わっている場合には，解釈が一通りに限定される。

(13) a. the man's examination of the student
　　 b. the man's examination by the doctor　　(Quirk et al.1985)

　本稿では今まで見てきたような複雑な派生名詞の θ 役割具現に関する現象を整理し，(i) 名詞的派生名詞と動詞的派生名詞を区別し，項として具現されている属格形や前置詞句とそうでないものを区別すること，(ii) そうすると，一見複雑に見える派生名詞の θ 役割の具現は基本的に動詞の θ 役割の具現の仕方と対応していること，の二点を論ずる。

1. 名詞的派生名詞と動詞的派生名詞

　ここでは，Lebeaux（1986）に従い，動詞からの派生名詞には名詞的なものと動詞的なものの二種類が存在することを見る。名詞的派生名詞は項構造を持たない名詞で，直観的には派生名詞により指される「物」を意味する。これは，通例，結果を表す名詞（result nominal）と呼ばれるものである。これに対して，動詞的派生名詞は項構造を持ち，直観的な言い方をすると，「行為」や「過程」を表すものである。こちらは，通例，過程名詞（process nominal）と呼ばれている。
　二つの名詞の違いは，次の例によく表れている。

(14)　The examination was 8 pages long.　　　　（Lebeaux 1986）
(15)　The examination of the students lasted 3 hours.　（ibid.）

　ここで，意味的な区別だけでなく，統語的な証拠が存在することを見てみる。Lebeauxは，項構造をもつ派生名詞と，項構造とは異なる関係を含む派生名詞を区別する根拠として，次の二つの統語的テストを指摘した。
　一つは，動詞的派生名詞の場合は，of前置詞句の後へ，属格形の主語を後置することが不可能であるということである。

(16)　a. *the destruction of the city of John's
　　　b. *the examination of the students of John's　（Lebeaux1986）
(17)　the picture of Mary of Bill's　　　　　　　（ibid.）

　(17)は，the pictureが真の動作主のθ役割を持っていないので，主語の後置が可能となる。(17)のBillは，the pictureを「所有している」，あるいは，the pictureに対して「責任のある」などの意味関係を持つことになる。
　もう一つは，動詞的派生名詞は，その主語が独立して連結詞の後に生

ずることを許さないというものである。

(18) a. *The destruction of the city was John's.
　　 b. *The examination of the students was John's.　（Lebeaux1986）
(19) The examination was John's.　（ibid.）

　(19) は John's examination に対応しているが，(18b) に対応した John's examination of the students が動詞的派生名詞の例であることに比べて，John's examination がそうではないということを述べておかなければならない。
　すでに (4b), (4c) で例を見たように，動詞的派生名詞にはθ役割が具現されなくてもよいのかということに制限がある。まず，派生名詞は，動詞と異なり，主語のθ役割が随意的に付与されるということが知られている（Selkirk 1982, Jaeggli 1986 などを参照）。そうすると，主語のθ役割は具現されなくともよいが，目的語のθ役割は具現されていなければならないことになる。従って，主語だけが生じている場合は，θ役割具現の仕方に違反しているわけであるから[2]，その例は容認不可能になるか，あるいは，容認可能であるなら，その例は項構造のθ役割が具現されているとは考えられない例ということになる。主語のθ役割だけが具現されると容認不可能になる例は，(4c) の他に，次のようなものがある。

(20) a. *the expression by the patients　（Williams 1987）
　　 b. *John's destruction　　　　　　（Lebeaux 1986）

---

　　2)　(20b) の John は Agent の読みをもつというつもりで判断されている。Patient の読みなら可能であるが，その場合目的語のθ役割が与えられている。Lebeaux (1986) は，主語にθ役割を与えるのは目的語の存在があってはじめて可能としている。この考え方をさらに明示的にしたのが Rozwadowska (1988) で，文レベルで主語がθ役割をもらうためには，目的語をとる動詞の場合，動詞と目的語で合成的 (compositionally) に与えてもらわなければならないが，名詞句においても，目的語が存在しなければ合成的に与えることができないので，主語が存在するためには目的語の存在が必要であるということになる。もちろん，自動詞，及びそれに対応する派生名詞の場合は，目的語がなくとも主語にθ役割を与えることができる。
　　the train's arrival

このように見てくると，John's examination の場合は，主語のような解釈を持っているけれども，θ役割の動作主を与えられているわけではなく，属格が項構造を持たない名詞と結びついて，解釈が主語のような関係になっているにすぎないことになる。すなわち，John's examination においては，John に主語のθ役割を与えることが，θ役割付与の一般的な枠組みから許されないと考えるのである。このように，一見主語と思われる属格形を区別しておくことは，派生名詞のθ役割具現の仕組みにとって重要なことである。

ここで，(18b)，(19) の例に戻って話をすると，(18b) は項構造を持つ派生名詞の例であり，(19) は項構造を持たない派生名詞の例であることになり，Lebeaux の統語的なテストは，両者の区別に有益であることになる。

以上，本質的には Lebeaux の議論に従いながら，派生名詞を二種類に分けて考えるべきであることを見てきた。

2. 指定辞の位置の名詞句

指定辞の位置に属格形で現れる名詞句には二通りの解釈があることをすでに見てきたが，今までの議論から厳密には三通りあることになる。すなわち，目的語の場合，主語の場合，主語に類似しているが，属格のもつ一般的な関係の範囲内で結びついている場合，の三通りである。以下の (21) – (23) が，それぞれの場合に対応している。

(21) a. the product's distribution by the owners
　　 b. Rome's destruction　　　　　　(Jaeggli 1986)
(22) a. John's enjoyment of the film
　　 b. the barbarian's destruction of Rome　　(Rozwadowska 1988)
(23) a. John's examination
　　 b. John's criticism　　　　　　　(Lebeaux 1986)

(23b) の例も，Lebeaux のテストで属格形はθ役割を受け取る項とは

言えないことが示される。

(24) a. ? the criticism of Mary of Bill's
　　 b. ? That criticism of Mary was John's.　　(Lebeaux 1986)

　(24)で見られるように，criticism の指定辞の名詞句は，容認可能性が少し下がるが，いずれのテストにも合格する。従って，その属格形はθ役割を具現したものとは言えないことになる。
　(23)のような派生名詞の例を除いてθ役割具現の仕方を説明することになれば，その複雑さを解消し，簡潔な方法を得る道が開かれる。

3. of 前置詞句の名詞句

　ここでは，of 前置詞句の中に現れる名詞句とθ役割具現の仕組みとの係わりを検討してみる。(9), (10)で，主語としての解釈を受けるとされている例と目的語としての解釈を受けるとされている例を見た。

(9) the examination of the experts
(10) the examination of the fireman

　しかしながら，前節で見たように，項構造をもつ examination は，主語と目的語にθ役割を与えることができる名詞であり，この場合，目的語なしで主語だけが生ずるのはθ役割具現の一般的な枠組みに違反する。さらに，前節では，examination が名詞的派生名詞でもあるということも見てきた。そうすると，指定辞の属格形がθ役割を与えられていない形で主要部と結びついているのと同じように，(9)の例では，of 前置詞句が of 属格（of-genitive）として，θ役割をもらわないで主要部と結びついていると考えるのが妥当であると思われる[3]。すなわち, of 属格の可能な意味範囲の中に主語と類似した意味があり，(9)の優先さ

---
　3)「of-genitive」は，Quirk and Greenbaum (1973) の用語。その可能な意味範囲は，同書あるいは Quirk et al. (1985) が詳しい。

れる解釈となっていると考えるということである.

　他動詞からの派生名詞は, 今述べたような理由で, of 前置詞句に現れて θ 役割を受け取るのは目的語の名詞句のみということになる. それでは, 自動詞の例はどうであろうか.

(25)　a. the arrival of the train
　　　b. the train's arrival

　(25) のいずれの例も, 主語としての解釈を持っていると言うことも, 主語に類似した意味を持つ属格という解釈を持っていると言うこともできる. すなわち, 目的語をそもそも持たないのであるから, 随意的な主語項のみが現れていても θ 役割具現の仕組み上困ることはないし, また, 属格や of 属格の意味で主語のように見えるだけと言うこともできる. しかしながら, ここでは, 意味に基づいて (25) の例は主語として θ 役割を受け取っている例と考える. (25) の例は, いずれも,「列車の到着(列車が到着すること)」を意味しており, 属格で認められる意味の幅はない. (23a) の John's examination の場合には, John が examination に対して持つ意味関係は,「John が担当する」,「John が作成する」,「John が所有する」等の幅が認められることと比較してみると, (25) の例は主語項と考えた方がよいと思われる.

　また, 一般論からしても, 他動詞からの派生名詞は項構造の継承があるのに, 自動詞からの派生名詞は項構造の継承がないと考えるのは理由がなく不自然である.

　そうすると, of 前置詞句は, of 属格の例を除くと, 他動詞からの派生名詞では目的語項になり, 自動詞からの派生名詞では主語項となる[4]. 派生名詞 arrival が主語項をとれるということになると, 次の例は

---

　4)　自動詞からの派生語が of 前置詞句に主語項をとるというのは, もう少し意味的に制限されている. Bolinger (1977) は, 次のような例を挙げて, of 前置詞句は主語ではなく動作主をとるということを論じている.
　　(a) The glowing of the sun is essential to life on earth.
　　(b) *The existing of the sun is essential to life on earth.
　　(c) The babbling of the infant was interrupted.
　　(d) *The sleeping of the infant was interrupted.

どのようにして排除できるのかが問題となる。

(26) *the arrival by John　　(Williams 1987)

次節でこの問題について検討することにする。

4. by 前置詞句の名詞句

通例，by 前置詞句の表すものは動作主で，他動詞の場合は，すでに見たように，目的語が存在してはじめて主語が具現されるのであるから，次のような例で by 前置詞句が認められないのは説明できる[5]。

(27) a. ? the destruction by the barbarians
　　 b. *the barbarian's destruction　　(Roeper 1987)

しかしながら，上の説明方式は，そのままの形で自動詞からの派生語にあてはめるわけにはいかない。

(28) a. the arrival of John
　　 b. *the arrival by John

　　その場合，動作主の定義として「意識を有する者」という概念を少しゆるめなければならない。本文 (25a) の train や (a) の the sun も含まれることになるからである。積極的に行為に関与している，あるいは，行為を制御するというふうに比喩的に拡大できるものは動作主と同等の資格があると定義する必要がある。動作主の概念の拡大については，Schlesinger (1989) なども論じている。
　　なお，属格形の方は，of 属格と異なり，主語という概念でしばることができる。
　(e) The sun's existing is essential to life on earth.
　(f) The infant's sleeping was interrupted.
　5)　(27a) のような文は，* を付ける研究者と？ を付ける研究者に分かれるが，ここでは基本的に不適格の判定にかたむいて議論を進めてゆく。
　　また，Jaeggli (1986) では，by 前置詞句で項が具現されない時は，所格（locative），道具格（instrumental）として働くと考えている。この場合は語彙的な前置詞（lexical preposition）として働いているのであるから，本文以下の議論では考慮の対象としない。

(29) a. the crashing of the plane by John
　　 b. the crashing of John through the wall
　　 c. *the crashing by John through the wall　　(Williams 1987)

　自動詞の場合，もともと目的語が存在しないわけであるから，他動詞と同じように説明することができない。目的語と主要部が合成的に θ 役割を付与するという考え方は，指定辞の位置の主語に対して行われるべき説明で，これにより (27b) が説明されるが，by 前置詞句は異なる説明が与えられると考える。
　ここで，(27) − (29) の例を共通に扱うためには，Williams (1987) の提案がよいと思われる。すなわち，by は基本的に能格規則に従うもので，主題（Theme）という目的語項が存在していてはじめて by 前置詞句が現れ動作主の θ 役割を具現することができるという考え方である[6]。従って (28b), (29c) は，目的語項が存在しないため，その動作主は of 前置詞句で表さなければならないことになる。
　当然のことながら by 前置詞句は動作主を表さなければならないのであるから，次の例は認められないことになる。

(30) a. *the fear of Harry by John
　　 b. *the sense of danger by John
　　 c. *the respect for Mary by John　　(Jaeggli 1986)

---

　6) Williams の枠組みには，派生名詞の外項として R(eferential) が含まれるので，定義はもう少し厳密にしなければならない。しかし，ここでは派生語の θ 役割に R が存在せず基本的には動詞の θ 役割を一定の仕方で継承するだけと考えていくことにする。すなわち，派生名詞に動詞とは異なる θ 役割を設定しないという立場をとることにする。そうすると，Williams の定義をできるだけ正確に述べ直すと，派生名詞句内に独立して主題項が存在している場合に *by*-Agent が許されるということになる。

5. θ役割具現と目的語項前置

第2節から第4節で見てきたようなθ役割具現の仕組みがあると，派生名詞のθ役割の具現は，基本的には文レベルの具現方式に対応していると言えることを以下論ずる。その際，目的語項前置はFellbaum (1987) の条件に従うと考える。すなわち，主要部の派生名詞が達成 (accomplishment) の意味を持つものなら前置可能ということになる。

達成の意味を表す場合，継続のfor前置詞句をとることができないが，この事実と目的語前置が対応していることをFellbaumの例で見ておくことにする。

(31) a. The destruction of the city occurred {*for/in} three days.
  b. The city's destruction occurred {*for/in} three days.
(32) a. The solution of the mystery took place {*for/in} minutes.
  b. The mystery's solution took place {*for/in} minutes.
(33) a. The approval of the manuscript occurred {*for/in} a few days.
  b. The manuscript's approval occurred {*for/in} a few days.
(34) a. The expression of great relief took place {for/??in} the entire evening.
  b. *Great relief's expression took place {for/in} the entire evening.
(35) a. The (bad) perception of the government occurred {for/*in} the past few months.
  b. *The government's (bad) perception occurred {for/in} the past few months.

このように目的語が前置された場合を除けば，基本的に文レベルに対応して派生名詞に関するθ役割の具現が行われる。今までの例でもそれは示されてきたが，さらに例を付け加えておく。

(36) a. John's translation of the book

b. John's denial of the mistake
　　　c. our discussion of the issue　　　　　(Safir 1987)
　　　d. John's treatment of Bill　　　　　　(ibid.)
　　　e. Ron's reorganization of the paper　　(ibid.)
　　　f. John's resemblance to Bill　　　　　(Rozwadowska 1988)

　今まで見てきた立場，すなわち，派生名詞句のレベルと文レベルが基本的に対応し，その対応がくずれるのは目的語項として派生名詞の右に具現された要素が前置された場合であるという考え方に反対する提案を Rozwadowska が提出している。Rozwadowska (1988) は，派生名詞の指定辞の位置には独立した θ 役割結び付け（linking）の制約があると考える。すなわち，指定辞の位置には中立（neutral）という主題関係をもつものは生じないという制約である。中立という概念は，二つの概念により規定されている。一つは，行為，過程，状態において物理的にも心理的にも影響を受けないものであることであり，もう一つは，行為や状態に意識的に係わることがないものである。この二つの概念に規定されるものが指定辞の位置に生じないという主張である。物理的にも心理的にも影響を受けないということは，受動者（Patient）あるいは経験者（Experiencer）ではないということであり，意識的に係わらないということは，動作主（Agent）ではないということである。従って，受動者，経験者，動作主なら，派生名詞の指定辞の位置に生じてもよいということを主張している。
　Rozwadowska は，中立という概念でまとめてはいるが，結局は θ 役割を列挙して制約を課しているに等しいことを行なっている。このことにより，文と派生名詞句との対応関係を無にすることになっているが，Rozwadowska が対応関係を認めない根拠としたものを検討してみよう。Rozwadowska (1988) が対応関係を認めない根拠として用いている例は，すべて心理動詞（psych verb）を含んでいる。

(37)　a. John's amusement at the books
　　　b. *the book's amusement of John
　　　c. The books amused John.

5. θ役割具現と目的語項前置

(38) a. the public's delight in the book
 b. *the book's delight of the public
 c. The book delights the public.
(39) a. Mary's disgust at his rude behavior
 b. *his rude behavior's disgust of Mary
 c. His rude behavior disgusts Mary.

しかしながら，この対応関係のずれは表面上のことであることをここで主張することにする。

派生名詞は語彙部門の出力であるから，当然のことながら，文との対応関係はD構造を引き合いに出して求められなければならない。心理動詞を含む文のD構造に関しては，Belletti and Rizzi (1988) の主張がある。これに従うと，(40a) のD構造から (40b) のS構造が派生されることになる。

(40) a. [$_{IP}$ e [$_{VP}$[$_{V'}$ amused [pictures of himself] John]]]
 b. [$_{IP}$ [pictures of himself]$_i$ [$_{VP}$ [$_{V'}$ amused t$_i$ John]]]
 c. Pictures of himself amused John.

(40a) を仮定する根拠は，(40c) のような心理動詞を含む文一般に，束縛（binding）に関しての連結効果（connectivity effect）があるということを説明できることが挙げられる。

Belletti and Rizzi の主張に従えば，(37a), (38a), (39a) がそれぞれ (37c), (38c), (39c) に対応しないのはむしろ当然のことであり，心理動詞からの派生名詞は，次のように対応していると考えるべきである[7]。

(41) a. [$_{VP}$ [$_{V'}$ amuse the books] John]

---

7) (41b) において，私のインフォーマントは，Rozwadowska とは異なり，at よりも by を好んだ。また，(41b) の内項どうしの具現の順序については，格をもらうべき項が先に来るのが自然であると考えられる。
 cf. ? I watched the amusement by the juggler of John.

b. amusement of John by the books
(42) a. [$_{VP}$ [$_{V'}$ amaze the juggler] people]
  b. amazement of people at the juggler

　(37a) のような形は，(41b)，(42b) に目的語項前置が適用されて派生されたものと考えられる。この前置は達成の意味を表す主要部の場合に可能であるという条件があったが，Marchand (1960)，Randall (1985) で指摘されているように re- 付加も同じ条件をもつ。従って，接頭辞 re- を付加した形で前置を確かめてみることにする。

(43) a. John's reamusement by the books
  b. people's reamazement at the juggler

　(43) から，心理動詞からの派生名詞は，目的語項前置の条件を満たしており，前置を受けていると考えられる。従って，文と派生名詞句との対応関係は (41)，(42) のように成立しており，それは D 構造を引き合いに出さなければならない。
　今見て来たように，Rozwadowska の観察は誤ったレベルで行なわれたものであり，支持できないということになる。さらに，Rozwadowska のように θ 役割を指定して派生名詞句内の項の分布を説明していく方法は支持できないということを見ていく。
　Rozwadowska 自身が挙げている例で，何の説明も与えられていないものに (44) と (45) の対立がある。

(44) a. John's love of Mary
  b. children's fear of the devil
(45) a. *John's amazement of the film
  b. *children's surprise of the presents

　(44)，(45) ともに，指定辞の位置の項は経験者であり，of 前置詞句の項は経験されるもの（Experienced）である。(44) と (45) の対立は θ 役割では区別できない。(45) では，もちろん，前置詞選択の誤りである

5. θ役割具現と目的語項前置

と主張できる。次の例のように，他の前置詞を含む場合には容認可能となる。

(46) a. John's amazement at the film
b. the children's surprise at the presents

しかしながら，同じように経験されるものというθ役割を持ちながら，(44) は of 前置詞句が可能で，(45) は不可能ということは，Rozwadowska の枠組みでは説明できない。本稿での (41), (42) の分析では，of 前置詞句をとるのは目的語であり，(41b), (42b) のように，心理動詞では経験者の方である。この経験者の項が前置されて (46) の形が派生されるのであるから，(45) は当然生じないことになる。

θ役割を引き合いに出して派生名詞句内の項の分布を説明する方法が支持できないということは，Fellbaum (1987) で挙げられている次の例によっても示される。

(47) a. the cities' destruction by the barbarians
b. *cities' destruction by the barbarians

ここでも同じθ役割を持ちながら一方は容認可能で，他方は容認不可能という問題にぶつかる。(47)の(a)と(b)の対立はFellbaumのように，目的語項の前置に対する制約で説明すべきことであると考える。

その他に，Rozwadowska の指定した，受動者，経験者，動作主なら指定辞の位置に生ずるという制約自体もうまく働かないということが挙げられる。影響を受けた受動者でなくとも指定辞に生ずる例と，受動者であっても指定辞に生じない例を，それぞれ (48) と (49) に挙げておく（Fellbaum (1987) からの例である）。

(48) a. the sonata's interpretation   cf. *the book's understanding
b. the movement's execution
(49) a. *the butter's spread
b. *the table's extension

以上のように見てくると，Rozwadowska が出発点として，心理動詞からの派生名詞を基本とし，統語的な操作が適用された後で比較したということが誤りであったと思われる。派生名詞の持つ θ 役割と内項・外項の位置づけというものと，D 構造での文との対応関係を考えていくと，両者は対応していると言える。従って，派生名詞句においても，動詞から継承した θ 役割を同じように投射の原理（Projection Principle）に従って具現しているということになる。

6. まとめ

本稿では，派生名詞は θ 役割を動詞から一定の仕方で継承し，投射の原理に従って，文レベルと同じように具現されるということを論じた。そうすると，いろいろな派生関係についてどのような継承の仕方があるのかということが重要になってくる。（これについては，Carlson and Roeper（1980），Roeper（1981, 1987），Williams（1981），Randall（1985, 1988）などの提案がすでにある。）

同時に，名詞的派生名詞を動詞的派生名詞と区別する必要性と，目的語項を前置する操作の必要性を論じた。

II
項構造と語彙規則

　本稿では，能格動詞，中間動詞，受動動詞などが示す様々な統語的特徴を検討し，それを説明するために，(i) それぞれの動詞がどのような項構造の指定を受けているか，(ii) そのような項構造を導く語彙規則はどのような性質をもっているのか，を明らかにしたうえで，(iii)Burzio (1986) の一般化の帰結として，これまでの研究で提案されている外項化という形式の規則が動詞を派生する際には存在しないことを論ずる。
　まず，能格動詞について検討する。

(1)　a. They sank the boat.
　　　b. The boat sank.
(2)　a. The sun melted the ice.
　　　b. The ice melted.

　(1a)，(2a) の他動詞構文に対応する (1b)，(2b) を能格動詞構文と呼ぶ。能格動詞構文では，対応する他動詞の目的語が主語として現れる。この主語として現れている要素は，能格動詞の内項であるという証拠が存在する。結果を表す述部は目的語を主部とすることができるが，主語を主部とすることはできない。

(3)　John shot Mary dead.

　本稿の例文の一部について，新潟大学外国人教師 Damian Whalen 氏の判断をあおいでいる。ここに記して感謝の意を表する。

（4） *I walked tired.
（5） a. The river froze solid.
　　　b. The river_i [froze t_i solid_i]
（6） a. The boat sank broken.
　　　b. The ball bounced flat.

　(3)では，結果を表す dead が Mary を主部としてとる解釈は存在するが，John を主部としてとる解釈は存在しない。従って，(4)の自動詞の場合，tired が結果を表す読みでは認められない。これに対して，(5)では，the river が主語でありながら solid が結果を表す解釈が存在する。これは(5b)で用いられている能格動詞 freeze の主語が，(5b)の痕跡が示すようにもともと目的語の位置にあったことから説明される。(4)の自動詞の場合は，もともと項構造で外項をとる動詞であるので，主語は目的語と結びつく関係にないので，非文となる。(6)も同様に能格動詞の例で，主語として現れている項が内項であると言える。
　能格動詞が内項だけをもつ動詞であると，主語の位置は θ 役割を与えられない位置であり，θ 役割を受け取らない虚辞が生ずるという予測がなされるが，この予測は実際に成立する。

（7） *There slept three men in the room.
（8） There arrived three men at the palace.
（9） a. There sank three ships in this vortex.
　　　b. There melted an icecream on the chair.

　(7)の自動詞では外項が存在し，主語の位置が θ 役割を受け取る位置であるため虚辞が生じない。(8)，(9)では，それぞれ非対格動詞，能格動詞が外項を持たないので虚辞が生ずる。
　Fagan(1988)は語彙規則として能格動詞の内項を外項化する提案をしているが，能格動詞を派生する語彙規則は対応する他動詞の外項の削除のみでなければならない。すなわち，能格動詞の項構造に存在するのは

内項一つである[1]。Fagan は対応する他動詞の内項が能格動詞の主語として現れることを説明するために，外項化という語彙操作を仮定したが，その必要はない。というのも，外項が削除されると Burzio の一般化により，動詞が対格をあたえる能力を失うからである。この仕組みにより，内項の名詞句は格を受け取るため主語位置へ移動しなければならなくなり，(1b), (2b) の形が自動的に説明されることになる。

実際，外項を持つ自動詞が対格を与える能力を（潜在的に）もち，能格動詞が対格を与えないことを示す例が Rothstein(1992) で挙げられている[2]。

(10) a. They ran their shoes threadbare.
b. They laughed their way out of the quarrel.
(11) a. *The river froze itself solid.
b. *The cart rolled the rubber off its wheels.
c. *The river melted its way downstream.
d. *The door swung its way open.

(10) が自動詞の例で，(11) が能格動詞の例である。(10a) において，自動詞 run は外項が一つで θ 役割も一つしか持っていないため，通例，主語にしか名詞句をとらないが，外項があることから対格を与える能力を有している。従って，threadbare のように θ 役割を与えてくれる述語があると名詞句が現れる。これに対して，能格動詞は外項を持たないので，θ 役割を与えてくれる述語が加えられても，名詞句に対格を与えることができない。従って，(11) の例は非文となる。

また，自動詞が対格を与える能力を有し，能格動詞が対格を与えない

---

1) 能格動詞が内項だけをとることから説明される関連した現象については，大石 (1991) を参照のこと。
2) Rothstein は本稿で能格動詞と呼ぶものを非対格動詞と呼んでいるが，本稿では，内項を1つもち対応する他動詞の存在するものを能格動詞，対応する他動詞をもたないものを非対格動詞と呼んで区別する。対応する他動詞から語彙規則で派生する必要があるのは能格動詞のほうであるからである。非対格動詞には移動と状態の変化を表す次の動詞が含まれる。
　　arrive, come, go, return, grow, die, fall, arise, emerge, ensue, begin, exist, occur, follow

ことから，同族目的語をとれるか否かを予測することができる。Keyser and Roeper (1984) には，自動詞が同族目的語をとれるのに対し，能格動詞は同族目的語をとれないという例が挙げられている。

(12) He smiled a strange smile.
(13) *The ship sank a strange sinking.

　Keyser and Roeper は，(13) が非文となる理由を，能格規則が語彙部門の移動規則であり，目的語の位置に残された痕跡が同族目的語の出現を阻止すると述べている。しかし，本稿での議論から，能格動詞が外項を削除された結果，自動的に対格付与能力を失うことになることから (13) の非文性は説明されるべきである[3]。語彙部門ですでに主語位置へ内項が移動されてしまっていると，虚辞の出現を説明することができない。従って，語彙部門に移動規則や痕跡を設定する根拠もなくなる。
　次に，中間動詞を検討する。

(14) a. John sold this book.
　　　b. This book sells well.
　　　c.*This book sells well by John.
(15) a. He bribed the bureaucrats.
　　　b. Bureaucrats bribe easily.
　　　c. *Bureaucrats bribe easily by him.

　中間動詞構文においても，対応する他動詞の目的語が主語としてあら

---

　3) Burzio の一般化から予測されることに一見反すると思われる同族目的語の例がある。Rothstein (1992) や Jones (1988) が挙げている非対格動詞 die の例である。
　　(a) John died a gruesome death.
　両者とも上記のような例に関して見解はほぼ共通で，下の例のように広範囲の目的語を認める場合は本当の項であるが，上記の例の同族目的語は付加詞であると述べている。
　　(b) He danced a dance/tango/waltz.
　Jones は (a) の型は受動構文が不可能であるのに，(b) の型は受動構文が可能であることを区別の根拠としている。
　　(c) *A gruesome death was died by John.
　　(d) A merry dance was danced by Sam.

われている。また中間動詞では，能格動詞と同様に対応する他動詞の外項であった動作主が形に現れることはないが，能格動詞と異なり動作主の存在が感じられる。

　この中間動詞の様々な特徴を説明するため，多くの分析が提案されてきた。例えば，最近のいくつかの提案をまとめても次のように食い違っている。

(16) Fagan (1988)
　　 語彙規則として他動詞の外項に arb を付与し，内項を外項化する。
(17) Keyser and Roeper (1984, 1992)
　　 他動詞の外項が動詞内部の接語 (clitic) に吸収され，内項が移動により主語位置へ動く。
(18) Massam (1992)
　　 INFL に法を表す要素があり，それが含意動作主 (implicit Agent) の読みが出て来る原因となる[4]。中間動詞は外項と内項をもち，内項は音形を持たない再帰代名詞で主語と同一である。
(19) Stroik (1992)
　　 他動詞の外項が項降格を受け，VP に PRO として現れ，内項が移動により主語位置へ動く。

　以下，それぞれの提案を検討してゆく。まず，Fagan と Massam の提案は中間動詞が外項を持つという点で受け入れられない。前にも見た結果の述語を用いて調べてみる。

(20) a. Tables wipe clean easily.　　 (Rothstein (1992))
　　 b. The floor waxes slippery easily.

　結果の述語が表面上主語として現れているものを主部としてとっている。従って，能格動詞と同じように，中間動詞の主語は内項であると言える。

---

　[4]　Massam はさらに，INFL に存在する法要素により，副詞や法要素が中間動詞構文に形にあらわれて出て来るとしている。

また，対応する他動詞の外項を潜在項として分析し，語彙的に満たされてしまっているとすると，Stroik (1992) が示している次のような例が説明できない。

(21) a. Books about oneself$_k$ never read poorly PRO$_k$.
  b. It seems that [today's news about oneself$_k$] reads better than yesterday's PRO$_k$.
(22) a. Mary$_k$ expects the Latin text she was assigned to translate quickly PRO$_k$.
  b. John$_k$ expects that the book he just bought will read quickly PRO$_k$.
(23) a. Most physics books read poorly PRO$_k$ even after PRO$_k$ reading them several times.
  b. Potatoes usually peel easily PRO$_k$ after PRO$_k$ boiling them.

 (21) は中間動詞の見えない動作主が照応形を束縛することができることを，(22) は見えない動作主がコントロールを受けることを，そして，(23) はコントロールする側になれることを示している[5]。これらの性質が PRO と共通することから，Stroik は見えない動作主を PRO として設定した。
 Massam は，中間動詞の内項に見えない再帰代名詞を仮定したが，これは次のような実際に現れる再帰代名詞により裏付けられるとしている。

(24) a. This floor washes itself.
  b. His novels are so good,they almost read themselves.

---

 [5] 中間動詞の見えない動作主は，次のような目的を表す不定詞節 (rationale clause) と共起しないが，このような節は動作主だけでなく出来事を表す述語を要求するためであると Stroik は論じている。
  (a) *The book sold [to make money].
  (b) *Those chickens killed [to make money].
 中間動詞構文が出来事をあらわさないこと，それに関連する様々な統語的特徴があることについては，Fagan(1988), Fellbaum(1985) 等を参照のこと。

しかしながら，Fellbaum(1989) は (24) の例と中間動詞構文とが異なるものであることを論じている。一つには，(24) の再帰代名詞が普通の再帰代名詞と異なる文強勢を持っており，中間動詞となる動詞類と (24) を認める動詞類が重ならないということが挙げられる。

(25) a. This car sells well.
　　　b. This car sells ITSELF.
(26) a. Heavy beards don't shave easily.
　　　b. *Heavy beards don't shave THEMSELVES.
(27) a. This saw cuts easily.
　　　b. *This saw cuts ITSELF.
(28) a. *This solution suggests easily.
　　　b. This solution suggests ITSELF.

従って，Massam のように新しい型の空範疇を設定する必要はない。

Keyser and Roeper のように接語が外項を吸収するのは，Jaeggli (1986) が受動動詞の接辞に外項の θ 役割を付与するのと同様の考え方であるが，中間動詞の場合には次の点で困ってくる。受動態では外項が by NP の形で随意に生ずるが，中間動詞構文では決して生じない。

(29) John was killed by Mary.
(30) *This book sells well by John.

また，ここで語内部の要素に θ 役割を付与する場合を整理しておく必要がある。次のように θ 役割を語内部の要素が受け取り，その要素が項である場合，統語上コントロールなどの力をもたない。

(31) a.*It was bird-created to make a nest.　　　(Roeper(1990))
　　　b. *child-forcing to go outside　　　(Roeper(1987))
(32) a. *a destroyer of cities to prove a point
　　　b. *a preparer of tax forms to get money back　　(Roeper(1987))

(31) では，複合語内部の要素がθ役割を受け取った項として現れており，bird や child はコントロールの力を持たない。(32) では，接辞 -er が項としてθ役割を受け取っており，やはりコントローラーとして働くことがない。

一方次のような場合にはコントロールが可能である[6]。

(33) the destruction of the city to prove a point   (Roeper(1987))
(34) The gifts were brought to impress the Indians.

(31)，(32) と (33)，(34) とは何が異なるのであろうか。(31) の bird, child や (32) の -er はθ役割にふさわしい意味を有している。たとえ -er という接辞であっても，「～する人」という意味を持ち，動作主というθ役割を受け取るにふさわしい項となっている。これに対して，(33), (34) でも外項のθ役割が接辞に与えられると仮定するが，(31)，(32) と異なり -ion や受動接辞 -en はθ役割にふさわしい意味を持つ項とは言い難い。従って，-ion や -en はθ役割を受け取るが項ではなく，θ役割を保有しているだけであると考える。このように保有されたθ役割は潜在項と呼ばれる働きをするのである。従って，まだ項と結びついたわけではないこのθ役割は，随意に実際の項にふさわしい要素と結ばれて形に現れることができる[7]。

---

6) Roeper は名詞の指定辞の位置に PRO を仮定してコントロールを説明している。
  (a) the destruction of the building to prove a point
  (b) *?the building's destruction to prove a point
 (b) の例が認められないのは，PRO が入るべき位置に属格形が生じているため，PRO が生ぜずコントロールが不可能になるからだとしている。
 しかし，Fellbaum(1987) では次のような例が可能とされている。
  (c) the room's illumination to highlight the paintings
  (d) the balloon's inflation to gain height
  (e) the missile's deployment to scare the enemy
 従って，コントロールは PRO を介してではなく，潜在項により行われていると考えられる。
7) Condoravdi（1989）では，ギリシャ語に2種類の中間動詞があり，形に現れた接尾辞をもつものと能動態と同じ形をしたものとに分けられるということが報告されている。さらに，接尾辞がついた方は動作主が表せるのに対し，接尾辞のない方は動作主が表せないと報告されている。この事実は，本文の議論と釣り合っていると思われる。

(35) a. the enemy's destruction of the city
　　 b. the city's destruction by the enemy
(36) The gifts were brought by them.

　(31), (32) のようにすでに項と結びついた θ 役割は，さらに他の要素に与えられることはない。

(37) *bird-created by the man
(38) *the discoverer of land by the navy　　(Roeper(1987))

　今述べた考え方に従うと，Grimshaw (1990) で名詞化や受動動詞で外項が項と付加詞の両方の性質をもつ項付加詞 (a-adjunct) になるとされていた現象が自然に説明できる。
　さて，話を本筋にもどすと，Keyser and Roeper が接語として設定した位置は接頭辞の re- が生ずる場所でもある。そうすると，この接語に外項が吸収された場合，(32) のような接辞の特徴を示すか，(33), (34) の接辞の特徴を示すかのいずれかでなければならない。しかしながら，中間動詞の見えない動作主は，決して形に現れないという点で (32) と似ており，コントロールの力を有するという点で (33), (34) と似ている。逆に，いずれの場合でももう一方の性質が説明できない。従って，接辞のように語内部の位置に与えられると考えるのは不適切である。(30) から明らかなように，中間動詞の動作主は項にすでに結びついているし，(21)-(23) から明らかなように統語上の働きをしている。すなわち，統語上に項として具現されていると考えるべきである。この点で，Stroik の分析が最も妥当であると言える。
　中間動詞の主語も，能格動詞同様，内項であると述べた。ここでも Burzio の一般化により，外項がその資格を失うことによって，当該の動詞が対格を与えることができなくなり，内項が主語位置へ移動しなければならないためであると説明される[8]。

---

　8)　Stroik は INFL-V 同一指標付けができない場合に対格を与えられなくなるという仕組みを採用している。しかしながら，能格動詞，受動動詞，中間動詞などの一連の現象を統一的に扱うには Burzio の一般化の活用のほうが優れていると思われる。

中間動詞の内項が主語位置に移動してくるとなると，主語位置は θ 役割を与えられない位置ということになる．そうすると，虚辞の挿入が可能と予測されるが，実際は不可能である．

(39) a. *There bribe bureaucrats easily.
　　b. *There waxes a floor easily.

これも Stroik の分析で説明される．虚辞の there が格を拒否あるいは転送することにより動詞の後ろの名詞句に格が与えられると考えられるが，(39a) において，内項の bureaucrats よりも INFL に近い位置（VP に付加された位置[9]）に PRO が存在し，この PRO が格を受け取ってしまい bureaucrats に届かないためであると考える．能格動詞の場合には，このように邪魔をする PRO が存在しないため，すでに (9) で見たように虚辞の there があらわれる．

　これまで見てきた外項に影響を与える語彙規則には，外項を削除する能格規則，外項が接辞として現れる -er 規則（結果として，派生語は外項をもたない），外項に与えるべき θ 役割を適切な受け取り手とはいえない接辞に与える受動動詞規則や動詞から名詞形を派生する接辞付加規則（結果として，θ 役割はまだ満たされていないので，潜在項の働きをする），外項を降格する中間規則があった．このような規則を定式化することにより，可能な語彙規則にはどんなものがありうるかという問に一部答えてきた．また，本稿でみた語彙規則の多くは，Burzio の一般化と連動していた．Burzio の一般化は動詞について述べたものであることから，動詞を派生する場合には，内項を外項化せよという語彙規則の形式は存在しないことになる．すなわち，内項を外項化するということは，外項が削除されるか，あるいは，資格変更されて外項の地位を明け渡していなければならない．すると，内項は対格をもらえなくなるので自動的に主語位置へ移動しなければならなくなり，語彙規則で外項化を指定しておく必要がなくなるからである．

---

9)　Stroik が PRO を VP に付加したのは，統率されない位置に PRO を置くためである．

Ⅲ
心理動詞について

　心理動詞（psych verb）とは，目的語が動詞の表す意味の心理的経験者になっているもので，(1)に挙げられているような動詞のことである。

(１) amaze, amuse, bother, concern, embarrass, entertain, excite, depress, frighten, humiliate, please, preoccupy, perturb, surprise, worry

　上記の共通の意味特性を持つこの動詞は，統語上，他の動詞と異なる振る舞いをする。

(２) a. A picture of himself surprised John.
　　 b. Stories about herself generally please Mary.
　　 c. Pictures of each other depress the politicians.
(３) a.*A picture of himself hit John.
　　 b.*Stories about herself generally describe Mary accurately.
　　 c.*Students of each other hit the politicians.

　再帰代名詞や相互代名詞と先行詞との関係は，(2)のような心理動詞を含む文を除けば，先行飼が再帰代名詞をC統御（c-command）していなければならないのに，心理動詞を含む文ではこの条件が成り立たない。
　心理動詞のこの特性を説明するために，Belletti and Rizzi（1988）は，

心理動詞の主語が D 構造で目的語の位置にあると仮定した。すなわち，(2) の文は D 構造において次の構造をしていると仮定した。

(4)　[e -ed [[surprise a picture of himself] John]]

　(4) においては，先行詞 John が再帰代名詞を C 統御しているので束縛原理を満たしている。このように条件を満たした後，a picture of himself が主語の位置へ移動されるという考え方である。
　この案に対して，Grimshaw（1990）は心理動詞の S 構造の主語が D 構造においても主語であると提案している。この場合，(2) の再帰代名詞や相互代名詞と先行詞との例外的な関係は，構造に基づいて説明されるのではなく，主題階層に基づいて説明されるとしている。すなわち，再帰代名詞や相互代名詞という照応形の先行詞は，その先行詞を探す領域の中で主題階層上一番上位でなければならないという条件で (2) は説明される。主題階層は (5) のようになっており，心理動詞は (6) のような θ 役割を持っている．

(5)　(Agent (Experiencer (Goal/Source/Location(Theme))))
(6)　x surprised y.
　　　 Theme　　Experiencer

　(5) の階層では動作主（Agent）が最上位で主題（Theme）が最下位である。非動作主を主語にとる心理動詞[1]の場合は，(6) のように主語が

---

　1)　心理動詞でも，主語が動作主である場合とそうでない場合を区別しておく必要がある。
　　(a) John embarrassed Mary.
　　(b) The event embarrassed Mary.
(a) の場合 John が意識的に Mary を面くらわせたという意味にも，無意識のうちにしてしまったという意味にもとれるが，(b) の場合には主語が無生物なので動作主の解釈はない。この違いは対応する名詞化形に現れる。
　　(c) John's embarrassment of Mary
　　(d) *The event's embarrassment of Mary
(c) の例では，John は動作主の読みしかない。本文で問題としている例外的な振舞いをする心理動詞は，主語が動作主でないものである。また，(d) のような名詞化形がなぜ生じないかについては大石（1989）を参照のこと。

主題であり，目的語が経験者であるので，目的語の方が主題階層上，上位であり，先行詞になれることになる。

このように，心理動詞の特殊性を説明するのに二つの異なった提案がなされたが，本稿では，Grimshaw の新しい提案を退け，Belletti and Rizzi の提案を採用すべきであることを論じる。

まず，両者の提案の決定的な差は，D 構造で心理動詞の主語の位置がθ 役割を受け取る位置であるか否かである。

(7) Belletti and Rizzi の D 構造
 [e [[V x] y]]（e は empty category）
(8) Grimshaw の D 構造
 [x [V y]]

この異なる D 構造から導かれる帰結は，(7) からは心理動詞の主語の位置に虚辞（expletive）の it が生じるということであり，(8) からは虚辞が生じないということである。実際は，心理動詞の主語の位置に虚辞が生じる。

(9) It has disgusted Mary that John ate cats.

(9) の it が虚辞であって疑似項（quasi-argument）ではないことを確かめておく必要がある。Chomsky (1986) は，(10) の is obvious の主語の it が意味役割を与えられているのに対し，(11) の seem の主語の it が意味役割を与えられていないことを示す証拠の一つに，PRO という意味役割が与えられる要素を用いることが可能か否かを挙げている。

(10) a. It is obvious that John is intelligent.
  b. It is true that John is intelligent without PRO being obvious that he is.
(11) a. It seems that John is intelligent.
  b. *It is true that John is intelligent without PRO seeming that he is.

この判定基準を(9)の例に当てはめてみると，心理動詞の主語が虚辞であることがわかる。

(12) *It has disgusted Mary that John ate cats before PRO disgusting her that Bill ate snakes.　　(Sato(1990))

　また，有元（1989）はregardの目的語の位置は意味役割を受け取る位置であることから，この位置に生じるか否かにより疑似項のitと虚辞のitを区別している。この基準によっても心理動詞の主語のitは虚辞である。

(13) I regard it as obvious that he will win.
(14) *I regard it as seeming that John was lying.　　（有元(1989)）
(15) *I regard it as disgusting Mary that John ate snakes.　　(Sato(1990))

　このように心理動詞の主語の位置に虚辞が生じるということになると，その位置はD構造においてθ役割を受け取らない位置でなければならず，(7)の構造を支持する証拠となる。
　第二に，May（1985）は次のような数量詞とwh語を含む文において，主語と目的語の非対称性が存在することを議論している。

(16) a. What did everyone bring?
　　　b. Who brought everything?
(17) a. What did everyone buy for Mary?
　　　b. Who bought everything for Mary?

　(16a)は曖昧で「みんなで持ってきたのは何だ。」という読みと「みんなそれぞれ何を持ってきたの。」という読みをもつ。これに対して(16b)は「すべてを持ってきたのは誰だ。」という読みしかない。ここで重要なのは，(16a)はD構造で数量詞がwh語をC統御しているのに対して，

(16b) は D 構造で wh 語が数量詞を C 統御しているということである[2]。同様に，(17a) は曖昧であるが，(17b) は曖昧でない。ところが，心理動詞を含む文では，この主語と目的語の非対称性が逆の型になってあらわれるということが，Kim and Larson(1989) で論じられている。

(18) a. What worries everyone?
　　 b. Who does everything worry?
(19) a. Who excites everyone?
　　 b. Who does everyone excite?

　(18a) は，「みんなで心配しているのは何ですか。」という読みと「みんなそれぞれ何で心配しているの。」という読みの両方をもち，曖昧である。これに対して (18b) は，「すべてのことで心配しているのは誰ですか。」という読みしかない。(19a)，(19b) も (18a)，(18b) に対応した読みを持つ。ここで問題なのは，曖昧性の生じている (18a) の文では，同じく曖昧性の生じている (16a) の文とは異なり，表面上の数量詞と wh 語の位置関係が逆転しているということである。同様の逆転現象が，曖昧性を持たない (16b) と (18b) の間に起こっている。数量詞の作用域の決定が構造に基づいて行われるとすると，この逆転現象を説明できるのは，(7) の D 構造である。(8) の D 構造では，(18) が (16) の文と位置関係がまったく同じになってしまい，上記の逆転現象は説明できない。従って，ここでも (8) ではなく (7) を支持する証拠が存在する。

　第三に，Grimshaw は (2) の再帰代名詞や相互代名詞を説明するために，主題階層に基づく条件を提案したが，照応形と先行詞の関係は基本的に構造に基づく束縛原理によって説明されると考えられる例がある。Grimshaw の条件に従うと，心理動詞を含む (8) の型の文では必ず目的語の方が主題階層で最上位を占めるので，照応形の先行詞は目的語の方に生じても主語の方に生じないことになる。しかしながら，Grimshaw (1990) 自体の中に主語に先行詞の生じている例がある。

---

　2) 数量詞の作用域は，LF 部門で構造に基づいて決定される。詳細は May (1985) や Kim and Larson (1989) を参照せよ。

(20) a. ?They concern/perturb themselves/each other[3].
    b. ?Politicians depress/worry each other.

　Belletti and Rizziのように束縛条件AがD構造, S構造のいずれかで満たされればよいとすると[4], (20)の例が容認可能であることが説明される。従って, (8)の構造を基にして照応関係を説明する方法は受け入れることができない。
　第四に, GrimshawはGrimshawは次のような複合語形成ができないのは, (8)のD構造と密接な関わりをもつ彼女の項構造の指定方式から説明されると主張しているが, これは他の条件で説明すべきであると考えられる。

(21) a. *a child-frightening storm
    b. *a storm-frightening child

　動作主をとらない心理動詞が(21)のような総合的複合語（synthetic compound）に現れないという現象がある。Grimshawによると, 複合語形成は項の階層関係において主要部により身近な項から遠い項へ順に構造に実現されてゆく形で行われる。一番身近な項は一番内側の項（内項）であり, 一番遠い項は外項である。項間の階層関係には二つの次元があり, 一つは(5)の主題階層で, もう一つは相の次元から見た階層で, 述

---

　　3) Grimshawは, (20a), (20b)の容認可能性が若干低下する原因をBelletti and Rizziの考え方では説明できないとしている。すなわち, 本文のすぐ下で述べるようにBelletti and Rizziは束縛原理AがD構造あるいはS構造のいずれかで満たされればよいと考えるので, (20)は完全に文法的になると予測してしまうからだと述べている。しかし, (20)の容認可能性の低下を説明するものとして, Grimshawは(20)の主語が純粋に個人を指すのではなく個人の特性を指すものであるのに目的語の照応形は個人を表しているというタイプの食い違いを挙げている。これは正しいと思われるが, Belletti and Rizziの考え方にも応用できるものである。この考えを組み込むと(20)は構造条件である束縛原理Aを満たしているが先行詞と照応形のタイプが異なるために容認可能性がやや下がるということになる。
　心理動詞の表面上の主語が個人（あるいは, 個体）そのものを指すのではなく, 特性を指すということを示す証拠として, 明らかに特性を表す表現に置き換えられるということがあげられる。
　　(a) John/John's behavior concerns us.
　　(b) He/What he does bothers them.
　　(c) We/Our personal characteristics irritate him.　　(Grimshaw(1990))
　4) Belletti and Rizziは, 束縛原理BとCはS構造で満たされなければならないと考える。

語の表す行為に関与する項の方が結果の状態を述べられている項より上位に位置するとされている。そして，両次元において最上位に位置するものが外項であると定義されている。また，相の次元で最上位にある項が主語として現れるとしている。通例,両次元の階層関係は一致するが，心理動詞では例外的に一致しない。すなわち，外項と主語は等しくなるのが通例であるのに対し，心理動詞ではこの二つが等しくならず，外項が存在せず，従って内項も存在しないことになる。このことから(21)のような複合語形成ができないことが説明されるとしている。

しかしながら，総合的複合語形成は基本的に Selkirk(1982) の第一投射の条件 (First Order Projection Condition) で制限されると考えられる。この条件は，語彙範疇 X ((21) では frightening) のすべての非主語項が X の第一投射の内部で満たされなければならないと述べている。複合語などの語形成に用いられる構造が二股の枝分かれ（binary branching）までとすると，第一投射の内部で非主語項が満たされる場所は一つだけしかない[5]。従って，(21) の複合語が生じないのは，(7) の D 構造に見られるように現れなければならない非主語項が二つあるのに対し，項が実現される場所が構造上一つしかないためであると説明できる。さらに，第一投射の条件の方が優れていることを示す例がある。

(22) a. *toy handing to babies
       Theme   Goal
   b. *baby toy handing
   c. the handing of toys to babies
(23) a. *boot putting on the table
       Theme   Location
   b. *table boot putting
   c. the putting of boots on the table

(22), (23) で用いられている動詞は心理動詞とは異なり外項と主語が一致するものであり，それから派生された V-ing 形もその項構造をそっ

---

[5] θ標示が姉妹関係を基にして行われると考えれば，第一投射の条件と二股枝分かれ構造により自動的に一つの姉妹の位置にしか項の実現できる場所が生じない。

くり継承している語彙範疇である。そうすると，Grimshawの枠組では，(5)の階層関係に従って(22), (23)のような複合語が可能であると予測してしまうが，実際には不可能である。これに対して，第一投射の条件は，(22), (23)の複合語の主要部が非主語項を二つ有しているため総合的複合語形成が不可能であると正しく予想する。複合語形成を統一条件で説明するためには，(8)ではなく(7)のD構造を採用すべきである。

　以上，心理動詞について二つの考え方を比較検討し，心理動詞は内項を二つとり外項（=主語項）をとらない動詞と特徴づけるべきであると論じてきた。そうすると，この項構造はそのまま主題階層に従って(7)のようなD構造に投射されることになる。Grimshawは，主題階層の順位と主語になる順位との食い違いが心理動詞に生じている事実を説明するために，項構造の中に二種類の階層関係を組み込んで説明しようとした。本稿では，上記の食い違いがD構造では生じず移動規則の適用によって生じると論じたことになる。このことは，心理動詞構文の他にNP移動を受ける受動構文にも見られる。実際，Jackendoff（1972）は，受動態の派生主語がby NPで表される名詞句より主題階層で下位でなければならないという受動態を制約する条件を提案している[6]。すなわち，受動態は能動態に見られる主題階層を逆転することにその機能があることになる。見方を変えると，心理動詞は意味役割の関係が本来的に受動態と同じ関係になっていると言える。

　本稿では，心理動詞の項構造には外項=主語項が存在しないこと，D構造への投射は主題階層に忠実に行われること，NP移動によって主題階層と異なる関係を持つS構造が生じることを論じた。

---

　6) Jackendoffの主題階層は(5)の階層から経験者が抜けているが，基本的には(5)と同じ階層関係と考えられる。

IV
語構造と束縛理論

―――――――

0. はじめに

　語形成が文法のどの部門で行われるかについては，現在，大きく3つの立場がある．まず(i)語形成はすべて語彙部門で行われるとする語彙論の仮説を採るもの（Di Sciullo and Williams（1987）など）がある．逆に(ii)語彙部門は語彙項目のリストにすぎず，語形成は統語部門で行われるとする形態論・統語論統一の立場を採るもの（Sproat（1985）など）がある．最後に，(iii)語彙部門と統語部門の両方で語形成が必要であるとするモジュール形態論の立場をとるもの（Shibatani and Kageyama（1988）など）がある．

　どの立場が妥当であるかは，経験的な問題であり，語形成が統語部門とは別の部門で行われているというためには，語形成が統語論の原理とは異なる原理に制約されていると証明するか，あるいは，共通の原理に制約されていても，統語部門とは切り放された別個の部門でまとまって行われていると考えなければならないことを証明する必要がある．

　本稿は，Sproat（1985），Lieber（1992），影山（1993）などの成果から，語彙論の仮説の立場を堅持することは困難であると考え，残る2つの立

　本稿を書くにあたり，中村捷氏，丸田忠雄氏，千葉その子氏，東北大学文学部英語学研究室の大学院生諸氏から直接的・間接的に示唆や刺激をいただいた．また，一部の例文について，新潟大学外国人教師 Damian Whalen 氏の判断をいただいた．ここに記して，以上の方々に感謝する．

場のうちより強力な形態論・統語論統一の立場がどこまで可能であるかを検証する第一歩である。具体的には，次節で，語の内部に照応関係が及ぶのか否かを検証する。これについては，2つの分析がある。Postal (1969), Di Sciullo and Williams (1987) などは，語の内部に指示関係は決して及ばないとするのに対し，Lieber (1992) は，語の内部の要素も束縛理論により制約されるとする。結論を先に述べると，本稿では，語の内部に束縛理論は働かないことを論ずる。しかしながら，この結論は，語内部が統語部門の原理と異なる原理により制約されていることを示すものではなく，指示指標を担うのが DP であり，DP が項位置に生ずることの帰結として自動的に導かれる可能性のあることを第2節で論ずる。第3節では，self のみが指示指標をもって総合的複合語の内部に生ずることができる理由を考察する。従って，語が照応の島になることが，語形成の語彙部門所属の根拠とされていたが，必ずしもその根拠とはならないということを，Lieber とは異なる見地から論ずることになる。

1. 語内における束縛理論

Postal(1969) は，次の例に見られるように，文中の同一指示の関係は語の内部に及ぶことがないとして，照応の島の制約（Anaphoric Island Constraint）を提案した。

(1) *Max is an orphan and he deeply misses them. (them=Max's parents)

また，Di Sciullo and Williams (1987) も語内部の要素が指示機能をもつことがないとして，次の例を挙げている。

(2) a.*it robber
　　　b.*Bill admirer

(2a) では代名詞が生じているため，(2b) では固有名詞が生じているため，それぞれ認められない。ただし，有名人の場合は例外になりうる。

しかしながら，その場合でも，下の例が示すように，その固有名詞は真の意味で指示的であるとはいえないとしている。

(3) a. Nixon admirer
   b. John is a Nixon admirer in every sense except that he does not admire Nixon.
   c. *John admires Nixon in every sense except that he does not admire Nixon.

これに対して，Lieber（1992）は，次のような例を持ち出して，同一指示の関係が語内部へ及ぶと論じている[1]。

(4) a. [[Reagan]$_i$ites] think that he$_{i,j}$ should have faith.
   b. *He$_i$ thinks that [[Reagan]$_i$ites] should have faith.

さらに，(4b) が不可能なのは，束縛原理 C の違反によるもので，語内部の要素も束縛原理により制約されると主張している。Lieber が仮定している束縛原理は Chomsky（1986）のもので，次のようなデータが説明されると論じている[2]。

---

1) この例文に関しては研究者間で判断が分かれており，Lieber と同じ判断をくだす研究者に J. R. Ross, G. Lakoff, C. Corum, W. Browne がいる。Postal (1969), Sproat (1985) は，このような文で同一指示は不可能としている。
2) 仮定している束縛理論は，次の通りである。
   (a) α binds β if α c-commands β and is coindexed with β.
   (b) Binding Principles
      A. An anaphor is bound in its minimal governing category.
      B. A pronominal is free in its minimal governing category.
      C. An R-expression is free (in the domain of the head of its chain).
   (c) Minimal Governing Category/CFC (Chomsky 1986, 169)
      ...a governing category is a maximal projection containing both a subject and a lexical category governing α (hence containing α). A governing category is a 'complete functional complex' (CFC) in the sense that all grammatical functions compatible with its head are realized in it – the complements necessarily,by the projection principle, and the subject, which is optional unless required to license a predicate, by definition.

（5）a. [[Reagan]$_i$ites] respect his$_{i,j}$ mother.
　　　b. His$_{i,j}$ mother respect [[Reagan]$_i$ ites].
（6）a. [[Reagan]$_i$ites] no longer believe in him$_{i,j}$.
　　　b.*Reagan$_i$ no longer believes in him$_i$.
（7）a. *[[Reagan]$_i$ites] puzzle himself$_i$.
　　　b. Reagan$_i$ puzzles himself$_i$.
（8）a. *He$_i$ no longer believes in [[Reagan]$_i$ites].
　　　b. *He$_i$ no longer believes in Reagan$_i$.

　Lieberの議論が正しければ，語構造と統語構造にまさに共通の原理が働いているという理由により，形態論・統語論統一の立場を押し進めることになるが，事実は，語構造内部には束縛原理は働かないと考えざるをえない。まず，(4b)の例文を束縛原理Cの違反により説明しているが，次の例と矛盾する[3]。

（9）Reagan thinks that Reaganites should have faith.

　もし(4b)のように語内の要素が指示指標をもち，束縛理論に関与するのであれば，(9)は全く同一の理由で束縛原理Cの違反になってしまう。従って，語内の要素は指示指標を持たないと考える。この結論は，次の例でも裏付けられる。

(10) Reagan$_i$ is irritated. He$_i$ thinks that Reaganites should have faith.

　(10)の2番目の文は，(4b)と全く同じであるが，容認可能である。ここでの代名詞の指示は，文文法の範囲を越え，前の文に依存している。もし(4b)のように語内に指示指標があるのであれば，この文は束縛理論により排除されてしまうことになり，事実と異なる予測をしてしまう。
　ここで，語内の要素が指示指標を持たないと考えても，(7a)の例は自動的に排除される。残る問題は(4a)，(5a,b)，(6a)の文で代名詞

---

[3] 例文(9)が可能ではないかと示唆してくれたのは，中村捷氏である。判断はD. Whalen氏による。

がReaganを指すのに対して，(4b), (8a)の文ではなぜReaganを指せないのかということである。代名詞が語用論的に指示機能を発揮することは，よく知られている。今述べた例での区別は，語用論的に指示機能を発揮する場合でも，文構造が関与していることを窺わせる。例えば，Reaganitesという語が話題にのぼることにより，Reaganも顕著な（salient）存在として推論の結果認識されると考えられるが，代名詞はこの推論の依りどころとなる語をC統御していてはならないということが，上記の例から明らかである。もちろん，(4b), (8a)の前に，Reaganを含む文が存在するなら，この2つの文も容認可能となる。この場合，(4b), (8a)の代名詞はReaganitesから推論でReaganを導き出して指しているのではなく，前文のReaganに依存して指示を決めていることになる。

語内の要素が語用論的に代名詞の指示の推論の依りどころになりながら，かつ，C統御が関与しているということは，次の例でも示される。

(11) Everyone eventually realizes that someone dear to them is incompetent. For example, Mary has realized that Fred is incompetent, Susan has realized that her daughter is incompetent, and the Reaganite has realized that he(=Reagan) is incompetent.

(12) a. John is a Nixon admirer in every sense except that he does not admire him (=Nixon).
b. Those who are Nixon admirers admire him (=Nixon) greatly.

(12)の例はDi Sciullo and Williamsが真に指示的とは言えないと論じたNixonを代名詞が指し示していることから，同一指示指標により解釈されるのではなく，語用論的に推論されたと考えられる。

束縛理論と同じC統御という条件が出てきたとしても，上記の例は束縛理論ではなく語用論的に説明を受けるべきものである。このことは，すでに述べたLieberの不備からも明らかである。また，由本・正木(1994)の書評論文でも指摘されているように，語内にReaganのような固有名詞が現れた場合に比べ，普通名詞が現れた場合は，語外の代名詞との同一指示の解釈が可能ではあるが困難になることからも，語用論が関与し

ていると思われる。

(13) a. ?Their jam has a [[fruit]$_i$y] flavor, because they use so much of it$_i$.
　　b. ?[[Abortion]$_i$ists] don't like having to perform one$_i$.
　　c. ?The girl's [[grandfather]$_i$ish] behavior made him$_i$ laugh.

　Lieber 自身,「Reagan のような名 (name) が特定の個人を指すのに対して,普通名詞は指定辞を欠き,総称的と解釈され,総称名詞への指示は名への指示よりやや不適切となる。」と語用論的に説明している。このような固有名詞と普通名詞との区別は束縛理論には存在しない。このような区別が出てくることこそが,語内の要素が等しく指示指標をもつのではないことを物語っており,語用論的に説明されるべき現象であることを示している。
　Lieber の説明で問題となるもう1つの例は,語の主要部が語全体とは別に外から指されることがないというものである。

(14) a. *The [neo[Nazi]$_i$] thought that he$_i$ could get away with it.
　　b. *The [sub[constable]$_i$] believed that he$_i$ was honest.
　　c. *The [ex[governor]$_i$] believes that he$_i$ is doing a good job.

　Lieber は,「語の主要部は語全体と異なる指標を持ってはならない」という制約で上記の例を説明しようとしている。これについても,由本・正木 (1994) が論じているように,例えば, (14c) において,「governor は ex-governor と同一指標をもつので, ex-governor が束縛する語外の再帰代名詞 himself と結果的には同じ指標をもつことになってしまう。もし,ここでいう指標が真に指示関係を表すものならば,明らかにこの分析は誤りである。」さらに, (13c) の例のように,非主要部に複合語がきている場合は, Lieber の制約に当てはまらないことになるから, (13c) の father が指標を持ち, him と同一指示的となる解釈が許されてしまうことになるが,事実とは異なる。従って,ここでも語内の要素に指示指標が付与されると考えるには問題がある。

2. DP と指示指標

前節で語内の要素は指示指標を持たないということを論じた。これが語構造と統語構造との違いであると規定されるなら，語構造を組み立てる原理と統語構造を組み立てる原理に違いがあることになるか，あるいは，違いはないが別のレベル(すなわち，束縛理論の関与しない別の部門)で組み立てることになるかのいずれかということになってしまう。しかし，本稿では，形態論・統語論統一がどこまで可能かを検証する立場から，自然な仮定の積み重ねによって，自動的に上記の違いが生ずる仕組みが可能となるか否かを追求してみる。

まず，語構造に句が生ずるが，DP は生じないということが知られている。従って，語構造内部の要素が束縛理論に関与しないのは，束縛理論に関与する単位が DP であり，指示指標は DP に付与されることから帰結すると考える。そうすると，DP が語構造に生じないことを一般原理に基づいて導き出せれば，束縛理論に関わる語構造と統語構造の違いは形態論・統語論統一の障害にはならなくなる。

語構造に句が生じなければ，自動的に DP も生じないということになるが，(17) で見るように，複合語の非主要部に句が生じることが知られている。そこで，主要複合語(primary compound)，総合的複合語(synthetic compound) のいずれにも，その非主要部に句が生ずるが，DP が生じないことを導き出すのにいくつかの提案がなされてきた。

(15) a. *a [the Bible] lover　　　　　　　　　　　　　(Fabb 1984)
　　　b. *an [every animal] eating dinosaur　　　　　　(Fabb 1984)
　　　c. *a [no book] buyer　　　　　　　　　　　　　(Morita 1985)
　　　d. *a [some ticket(s)] selling girl　　　　　　　(Morita 1985)

(15) のような例を基に，Sproat (1985)，Morita (1985) は，最大投射範疇は複合語の非主要部に生じないと規定している。
これに対して，Hoeksema (1988)，Lieber (1992) は，複合語の非主

要部には開かれた類の項目が主要部となっている最大投射範疇が生ずると規定している。

(16) a. *a the floor of a birdcage taste
　　 b. *the king and the queen syndrome
(17) a. off the rack dress
　　 b. a right off the rack dress
　　 c. a floor of a birdcage taste
　　 d. a who's the boss wink

　最大投射範疇を認めたのは，(17b) において PP の指定辞が現れていることと (17d) において wh 語が CP の指定辞を占めていると考えられることからである。
　複合語の非主要部に DP が生じない現象を説明するのには，開かれた類という規定の方が説明力が大きそうであるが，問題が残る。第一に，依然として語構造の特殊性を規定しておかなければならない。第二に，複合語の主要部にはなぜ句が生じないのかが説明されていない。
　ここで，DP が語構造に生じないという帰結をもたらすために，どのような仮説が必要となってくるか検討してみよう。まず，次の構造を考えてみよう。

(18) [α　β]

　構造は二股の枝分かれをしているという仮説を採用し，(18) の構造が語構造，句構造のいずれをも表しているとすると，Lieber (1992) の構造の基本関係に従って次の3通りの組合せが考えられる。

(19) a. α, β が主要部・補部の関係にある場合。
　　 b. α, β が指定部・主要部の関係にある場合。
　　 c. α, β が修飾部・主要部の関係にある場合。

　ここで，主要部は最小範疇である。補部，指定部，修飾部は最大範疇

（または，同時に最小範疇）である。そうすると，(19) は統語構造と語構造ですべての可能性を保証することになるが，英語における事実は異なる。語構造の右側に最大投射が生じないことを考慮すると，語構造で許される構造が(19b, c)に制約される結果をもたらさなければならない。また，すでに見たように，語構造にはDPが生じないという結果ももたらされなければならない。ここで，DPは基本的に項であり，指定部または補部に生ずるという事実に照らすと，DPが生ずるのは(19a) と (19b)であり，語構造が (19c) に制約されるという帰結が必要となる。実際，Lieberの語構造の分析から，編入によって語の外部から要素が来る場合を除くと，英語の語構造の基本は(19c)であることが窺える。従って，必要なのは，英語で(19a,b)が統語構造のみに用いられ，(19c)は統語構造と語構造の両方に利用できるという帰結をもたらす原理ということになる。

　ここで，語構造・統語構造の特殊性に帰するという形をとらない仮説を一つ立てる必要がある。考えられる一つの仮説として，英語には次のようなパラミターがあると提案したい。英語は格変化に乏しい言語であるので，項の関係をできるだけ構造上の位置の区別を利用して明確にする言語であると考え，英語では θ 役割付与をする主要部が投射をする場合には，その外項・内項の相対的な位置の区別を句構造のバーレベルを利用して表すことを選択すると仮定する。すなわち，(19a) と (19b)の場合は，(18) は投射のレベルが大きくなり句構造となる。もちろん，この仮説は今後経験的に検証を受けることになるものである。そうすると，(19c) のみが語構造と句構造の両方にあらわれることになる。以上の仮説が正しければ，DPは項位置に生ずるものであることから，自動的に語構造には生じないことになる。ちなみに，閉じられた類を主要部にもつ範疇が語構造に生じないという提案は，DPとCPの区別がつけられないが，ここでの提案は，DPが項位置にしか生じないので統語構造のみに生じ，CPは，関係節に見られるように，項位置だけでなく修飾位置にも生ずることから統語構造と語構造の両方に生ずることが説明できる。

　このように考えると，第1節で見たような例では，語内に指示指標は存在しないことになる。

3. Self と総合的複合語

前節の仮説に従うと,単純な投射による構造では,語構造の内部に指示指標をもつものは生じないことになる。しかし,Lieber のように,移動により総合的複合語を派生する立場では,移動の結果,指示指標をもつ要素が総合的複合語の内部に生ずる可能性がある。ここでは,Lieber の提案を受け入れ,総合的複合語には,非主要部の位置に指示指標をもつ self が生ずることをみていく。

統語的編入の操作は,基本的に Lieber に従うが,束縛理論の適用の詳細は,由本・正木 (1994) に従う。まず,総合的複合語でも,初めは補部が主要部の右側にあって統語構造で同じように θ 役割が付与され,(20) に示される移動の結果,補部が複合語の非主要部の位置に生ずると考える。この移動は,格理論の要請によるものである。すなわち,thirst は N^0 であるため格を持てず,可視性の条件(visibility condition)により認可されなくなるのを防ぐため,格フィルターの適用を受けない語の内部へ編入されると考える。

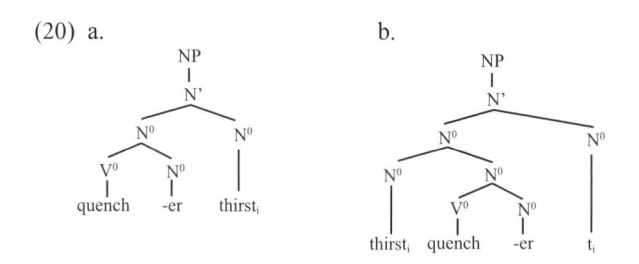

(20) a. 　　　　　　　　　　　　b.

```
         NP                              NP
         |                               |
         N'                              N'
        / \                             / \
       N⁰  N⁰                          N⁰  N⁰
      / \   |                         / \   |
     V⁰  N⁰ thirstᵢ                  N⁰ N⁰  tᵢ
                                         / \
   quench -er                   thirstᵢ V⁰  N⁰
                                       quench -er
```

この移動に従うと,DP が編入された場合にのみ,総合的複合語の非主要部に指示指標をもつ要素が生ずることになる。ここで self が DP であること,他の DP は編入を受けないことが導き出されなければならない。というのも,第 2 節で見たように,総合的複合語でも冠詞が現れないという事実があったからである。ではなぜ,通常の DP が編入を受けないのか。補部が間違いなく DP という最大投射範疇である場合には,

格素性をもっている。この素性は積極的に格照合を受けるものであって，格素性を持ちながら格フィルターの適用を避けるために編入されることはないと考える[4]。self の場合は，self が照応形であるため，指示指標をもつために DP まで投射されることを一方で要求されながら，実質的な内容（すなわち，指示指標と共に格素性）をもつ himself, herself などの DP とは異なり，格素性をもたないと考えられる。従って，英語では，この形だけが格フィルターの適用を逃れるために編入されていると解釈される。

(21) a. Fenster$_i$ often talks about [John's$_j$ self$_{*i, j}$-contempt].
　　 b. [John's$_j$ self$_{*i, j}$-contempt] disturbs Fenster$_i$.
(22) his$_{*i, j}$ self$_i$-admirer$_i$

4. まとめ

　形態論と統語論の統一をはかるには，すなわち，それぞれの部門に特有の規定を一切つけずに説明するには，まだまだ経験的検証を要する仮説を立てなければならないことが分かった。束縛理論が語構造内部の要素に関与しているとは言えないということを明らかにした。しかしながら，形態論・統語論の一方のみに関わりをもつ規定を排除しながらこの帰結を得るために，本稿では，いくつかの仮説を立てた。これらの仮説が正しいなら，Lieber とは異なる意味で，形態論・統語論統一の立場を守ることができる。また，本稿では束縛理論とそれに関わる現象について論じたが，他の語彙論の仮説の根拠となっていた特徴についても議論を続けていかなければならない。

---

[4]　固有名詞の場合は最小範疇であり，かつ，最大範疇で，この上に DP が投射されているか否かについて，解釈の幅が許されると考える。固有名詞が DP なら，格素性をもち，格照合が行われると考える。固有名詞が NP なら，格フィルターの適用を避けるために，編入されると考える。

V
英語名詞化における継承現象

0. はじめに

　語形成の問題の一つに，基体のもつ語彙特性が派生語にどのように継承されるかという問題がある。ここで重要なことは，派生語が接頭辞付加によるものであるか，それとも，接尾辞付加によるものであるかという区別である。接頭辞付加による派生は，範疇を変えずに新語を作るということである。範疇が変わらずに新しい語になるということは，意味が変更されるということであり，接頭辞付加による派生は，意味を変更して新語を作るのがその重要な役割であると考える。これに対して，接尾辞付加による派生は，範疇を変えることがその重要な役割であると考える。従って，一般的には，接頭辞付加による派生は，意味の変更に従って語彙特性が変更され，接尾辞付加による派生は，範疇変化による影響を被ると考えるべきである。実際，Ito（1991,1995）では，接頭辞付加による派生と接尾辞付加による派生を，原則的に区別して扱うべきであるとする論が展開されている。
　ここでは継承全般について論ずる余裕はなく，接尾辞付加による名

　本稿は，1995 年 11 月 17 日に津田塾大学レクシコン研究会で発表したものを加筆訂正したものである。機会を与えてくれた島村礼子氏，質問・意見を出してくれた池内正幸，影山太郎，稲田俊明，伊藤たかね，由本陽子，三藤博，その他の諸氏に感謝する。多くの意見のおかげで，いくつかの点で細部にわたり考えがまとまった。また，例文の一部について，新潟大学外国人教師 Caroline Julia Frances Ings-Chambers の判断を受けた。ここに記して感謝する。

詞化を中心に論ずるが，他の研究としては，例えば，由本（1995）は，接頭辞付加による派生の継承が，接頭辞の意味と基体の概念構造で表した意味との相互作用で決まることを明らかにしている。

さて，本題の名詞化，特に，動詞からの名詞化について見て行くことにする。冒頭の基本的立場により，動詞が名詞に変化したという範疇変化による影響を被るだけで，語彙特性は原則的に継承されると考える。また，このように考えなければ，すなわち，基体と派生語の語彙特性が無関係であるとするなら，言語習得上どのようにして新語を使いこなしていけるのかを説明することは困難である。従って，以下の節では，① 語彙特性は継承されるのが原則であること，② 基体の動詞と異なる派生名詞の特徴は範疇変化による影響によるものであること，を論ずる。さらに，基体の動詞と異なる派生名詞の特徴の中でインフォーマントの判断に揺れが見られないものは，統語原理・規則が動詞と名詞とで異なって適用される結果生ずるものであり，基体の動詞と異なる派生名詞の特徴の中でインフォーマントの判断に揺れが見られるものは，行為・出来事を表す動詞表現が事物を表す名詞表現に変化したことに起因する意味概念の捉え方の程度問題であると論ずる。すなわち，継承とは，継承そのものが原理であるのではなく，既に存在する原理や規則の帰結として生ずる現象であると考える[1]。

---

1) 例えば，Randall（1988）は次のような継承の原理を提案している。
  (a) Inheritance Principle
    A category-changing operation which blocks the assignment of a θ-role blocks the assignment of all θ-roles lower on the hierarchy.
  (b) θ-hierarchy: Theme
    Agent
    Instrument, Source, Goal, Path, Location, ...
しかしながら，そこで説明されている名詞化の例は，本稿の主旨に基づいて説明することが可能であるように思われる。例えば，次の例を見よ。
  -er $_N$
  (c) the flyer of the kite (*by experts)
  (d) the flyer of the plane (*into the wind/*to Paris/*by computer/...)

  process –ing $_N$
  (e) the flying of the kite (*by experts)
  (f) the flying of planes (into the wind) (from London) (to Paris)
    (by pilots with death wishes) ...

0. はじめに

　まず，Grimshaw（1990）に示されるように，ほとんどの場合，派生名詞が基体の動詞と平行した要素をとるという事実がある。

（１）a. The enemy destroyed the city.
　　　b. the enemy's destruction of the city
（２）a. The physicists claimed that the earth is round.
　　　b. the physicists' claim that the earth is round
（３）a. They attempted to leave.
　　　b. their attempt to leave
（４）a. The train arrived at the station.
　　　b. the train's arrival at the station

　従って，語彙特性が継承されるのが原則である。しかしながら，次節

　Randall の説に従うと，-er 形は，動作主（Agent）の付与を阻止するので，それより階層が低い道具（Instrument）や着点（Goal）などの付与を阻止することになる。しかしながら V-er 形がなぜ動作主を阻止し，なぜ道具，着点などを阻止するのかは，自然な形で別の説明が可能である。

　まず，動詞の持つ動作主の意味役割は -er に付与されると考えられる。意味的にも，V-er は「その動詞の表す行為をする人」である。また，-er が動作主の意味役割を担っているという証拠に，総合的複合語（synthetic compound）の内部に具現された項と同様に，付加詞である to 不定詞節の PRO をコントロール出来ないということが挙げられる。

　　　(g)*the destroyer of the city to make a point
　　　(h)*child-eaten meat to prevent iron deficiency
　　　(i) the destruction of the city to prove a point
　　　(j) meat-eating to improve one's diet

(g), (h) に見られる現象は，(i), (j) の含意動作主（implicit Agent）の現象とは異なる。これは，下線部で示した動作主の項が語内部に明示的に存在し，その C 統御（c-command）領域が語内部にしか及ばず，PRO をコントロールできないためであると考えられる。含意動作主は，文字通り含意されているという立場と PRO として具現されているという立場があるが，いずれにせよ，語内部の要素に具現された動作主とは異なる。

　次に，道具や着点が何故生じないかというと，これらの要素は付加詞であり，動詞から名詞に変わったことで，動詞の付加詞から名詞の付加詞に変わっている。V-er は「人」という物を表す名詞であるので，「人」に対する付加詞となる。(d) の例では，いずれの前置詞句も「人」に対する付加詞としては，解釈が困難である。

　これに対して，動作を表す -ing 形は，その動作主の意味役割は付与される可能性を依然として残しており，名詞につく付加詞も，-ing 形が名詞でありながらかなり透明に動詞の意味を表していることから，解釈可能となると考える。従って，Randall の主張とは異なり，本文のように，継承は原理・規則などの帰結の現象であるという立場で議論を進めることにする。

で見るように，基体の動詞の語彙特性が継承されていないように見える例も存在するが，本稿では，これらの一見不規則に見える現象も，範疇変化と原理・原則の相互作用による当然の帰結であると論ずる。

以下，第1節で動詞と派生名詞の間で語彙特性が異なっているように見えるものを整理し，第2節で派生名詞で主語が随意要素になる原因を探り，第3節で格理論による継承現象の説明を行い，第4節で概念構造による継承現象の説明を行う。第5節で，残った問題を扱う。

1. 問題整理

本節では，原則として基体から派生語へは語彙特性が継承されるという立場をとると問題となるような例を整理しておく。

まず，動詞から名詞を派生すると，動詞では義務項であった主語項が，派生名詞では随意項となるという現象がある。

(5) a. The enemy destroyed the city.
　　 b. the (enemy's) destruction of the city

第二に，(主語) 上昇構文 (Raising construction) において，次のような，対応関係のずれが生ずる。

(6) a. John appears to be guilty.
　　 b. *John's appearance to be guilty

第三に，例外的格標示構文 (Exceptional Case Marking construction) において，次のように対応関係が崩れるという現象がある。

(7) a. John believes Mary to be clever.
　　 b. *John's belief of Mary to be clever

第四に，Tough 構文においても，次のように対応関係が崩れる。

(8) a. John is easy to please.
　　　b. *John's easiness to please

　第五に，補文の that 削除を許す動詞が，派生名詞になると補文の that 削除を許さなくなる。(Pesetsky (1995))

(9) a. They announced (that) the train was about to leave.
　　　b. their announcement *(that) the train was about to leave

　六番目として，動詞では可能な二重目的語構文が，派生名詞では不可能となることが挙げられる。

(10) a. They gave Bill books.
　　　b. *their gift of Bill (of) books

　七番目として，心理動詞（psych verb）でも，次のように動詞と派生名詞間の対応関係が崩れることが挙げられる。

(11) a. The book amused John.
　　　b. *the book's amusement of John
　　　c. John's amusement at the book

　八番目として，能格動詞（ergative verb）は，他動詞用法と自動詞用法の両方が可能であるのに，派生名詞は主に自動詞用法に限られるということがある。

(12) a. Tomatoes grow.
　　　b. Bill grows tomatoes.
　　　c. the growth of tomatoes
　　　d. *Bill's growth of tomatoes

　九番目として，Pesetsky（1995）が「実現の動詞（verb of fulfilling）」

と呼ぶものについても，以下のように対応関係が崩れるという現象が見られる。

(13) a. Sue presented a medal to Mary.
　　 b. *Sue presented Mary a medal.
　　 c. Sue presented Mary with a medal.
　　 d. Sue's presentation of a medal to Mary.
　　 e.*Sue's presentation of Mary with a medal

十番目として，Pesetsky (1995) が「損失による状態変化を表す動詞 (verb of change of state by loss)」と呼ぶものについても，対応関係が崩れるということがある[2]。

(14) a. John cleared the dishes from the table.
　　 b. John cleared the table of dishes.
　　 c. John's clearance of the dishes from the table
　　 d. *John's clearance of the table of dishes

以上，問題となる現象を整理してきたが，以下の節で，これらの現象について順次説明をしていくことにする。

2. 主語項の随意性

派生名詞で，基体の動詞と異なり，主語項が随意要素となるのは，範疇変化により統語構造上の位置が変化したことの帰結であると考えられ

---

　　2) 本文で挙げた10項目の問題の他に，派生名詞の基体が形容詞である場合，Pesetsky (1995) が「示唆の形容詞 ("suggest" adjective)」と呼ぶものにも，次のように対応関係が崩れる現象がある。
　　　(a) Sue was nervous (about the exam).
　　　(b) Sue's behavior was nervous (*about the exam).
　　　(c) her nervousness
　　　(d) *her manner's nervousness

2. 主語項の随意性

る。主語項の随意性を説明するために，本稿では，以下の構造を採用する。(16) は，Ritter (1991), Stroik (1994), Lobeck (1995) で採用されている構造である。

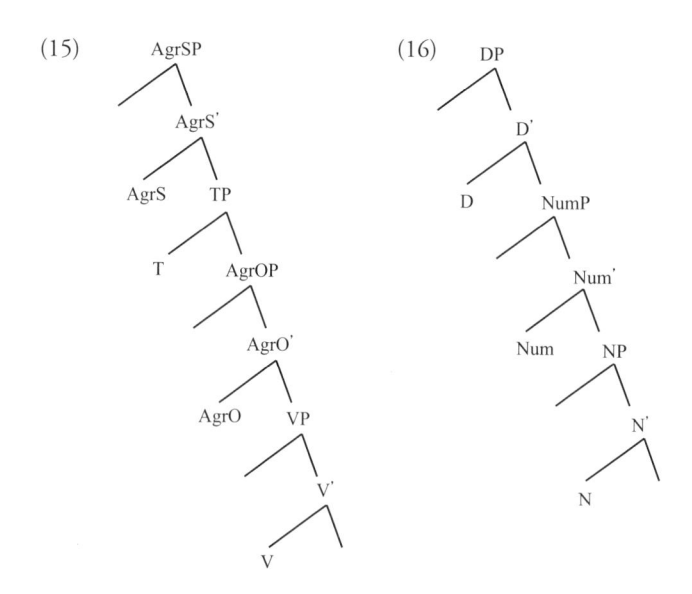

(15) AgrSP / AgrS' / AgrS TP / T AgrOP / AgrO' / AgrO VP / V' / V

(16) DP / D' / D NumP / Num' / Num NP / N' / N

(15) の文構造においては，主語位置に要素が入り，AgrS の素性を一致により消すことが要求されている。従って，主語位置に要素が入ることは義務的であり，義務的な主語項がある場合は，その項が入らなければならない。これに対し，(16) の名詞句構造では，D は定冠詞などの一致素性を持たない要素になる可能性がある。その場合，主語は要請されないことになる。この構造に見合うように，派生名詞の項構造で主語が随意項になっていると考えられる。

(16) の構造は，(15) の構造と対応して，複数の補部をとる派生名詞が可能であることを捉えられる。

(17) a. John's giving of a book to Mary
　　　b. John's persuading of Mary that she should be examined by the doctor
　　　c. John's spraying of paint on the wall

d. John's spraying of the wall with paint

　従って，軽動詞（light verb）を経由して AgrO へ至る過程で複数の補部を θ 標示していく動詞と同様，派生名詞も軽名詞（light noun）を経由して Num に至ると考えられる。そして，このことは，まさに Num のもつ素性を一致により消すために，行われなければならない。
　(16) の Num に指定される素性は，次のような体系になっていると考える。

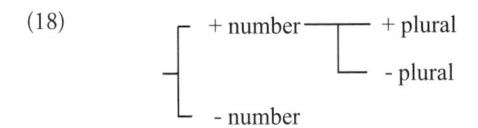

(18)　┌─ + number ─┬─ + plural
　　　│　　　　　　└─ - plural
　　　└─ - number

　(18) の体系では，単数であることと数の指定がないことが区別されている。これは，次の例に示されるように，数の概念が含まれるのは結果名詞 (result nominal) であり，数の概念を含まない過程名詞 (process nominal) と異なり，項構造を継承しないという事実があるからである。

(19) a. The shooting of rabbits is illegal.
　　 b.*A/*One/*That shooting of rabbits is illegal.
　　 c. *The shootings of rabbits are illegal.
(Grimshaw (1990))

　(19) から, that は単数の NumP を選択するという性質を持つのに対し, the は選択する NumP の素性が何であろうとかまわないことが分かる。
　ただし，数の概念を含むか否かが継承の有無と対応していると一般に考えられているが，例外がある。

(20) a. the discoverers of the responsible virus
　　 b. the flyer of the plane (*into the wind/*to Paris/*by computer/...)
　　 c. *the buildings of towers

(20a) では，派生名詞が複数であるにもかかわらず，継承がある。これは -er 自体が動作主の意味役割と結び付かなければならないためである[3]。そして，この -er 形は内在的に「人」という数の概念をふくむ派生名詞となる。従って，派生そのものに必然的に結び付いた形で数の概念が生ずる -er 形のみが例外となるものと考える。また，この -er 形は主語項が -er に実現されるので，語の外部に主語項は決して生じないことになる。この -er 形が付加詞を動詞と同じようにとれないことについては，注1) を参照のこと。

以上，派生名詞で主語項が随意的になるのは，動詞と名詞に係わる構造の違いに対応した現象であると論じた。

3. 内 在 格

第1節で整理した，二番目から四番目の問題点は，Chomsky (1986) の提案している次の内在格の条件で自動的に説明されると考える。

(21) If α is an inherent Case-marker, then α Case-marks NP if and only if it θ-marks the chain headed by NP.

次の上昇構文では，appear が θ 標示しているのは，John to be guilty という節全体であり，その語彙特性を継承した appearance も同様である。従って，(21) の条件により，内在格を John に与えることは許されないので，(22b) は不適格になる。

(22) a. John appears to be guilty.
　　 b. *John's appearance to be guilty

次に，(23) の例外的格標示構文においても，believe が θ 標示しているのは，Mary to be clever という節全体であり，その語彙特性を継承し

---

3) -er には道具 (instrument) と結び付くものもある。

た belief も同様である。従って，(21) の条件により，内在格を Mary に与えることは許されないので，(23b) は不適格になる。

(23) a. John believes Mary to be clever.
　　　b. *John's belief of Mary to be clever

　また，例外的格標示構文は小節構文を思い起こさせるが，同じ理由で派生名詞の補部に小節は生じないことになる。
　最後に，(24) の Tough 構文では，John の θ 役割は please が付与していると考える[4]。そうであるなら，派生名詞においても関係は対応していて，easiness が John に内在格を与えることはできない。従って，(24b) の派生名詞構文が不適格になることは当然の帰結となる。

(24) a. John is easy to please.
　　　b. *John's easiness to please

　これに対して，次の例のように，派生名詞が直接 θ 役割を付与している Mary には，内在格が与えられる[5]。

(25) a. John's persuasion of Mary of the importance of going to school
　　　b. John's persuasion of Mary that she should be examined by the doctor
　　　c. John's persuading of Mary of the importance of going to school
　　　d. John's persuading of Mary that she should be examined by the

---

　4）　あるいは，少なくとも please との関係が保証された上で，John に θ 役割が与えられると考える。
　5）　派生名詞 persuasion の場合，to 不定詞補文をとることができなくなるという現象がある。
　　　(a)*John's persuasion of Mary to go to school
　　　(b) John's order to Mary to go to school
　(a) は，(b) と比べると，コントロールの構造条件ですぐ説明がつく現象というわけにはいかないようである。三藤博氏から，that 節の場合，命題が伝われば persuasion の要求するできごとが完結するのに対し，to 不定詞節の場合は，行為 (Action) とより強く結びつき，その行為まで完了していることを保証するのは John の支配下にはないと考えられ，出来事の完了などの意味構造で考えていく余地があるという指摘を受けた。

doctor

　以上の構文では，語彙特性は継承していながら派生名詞で動詞と対応する構文をとれないのは，内在格の条件により自動的に説明されることを見た。

4. 概念構造

　本節では，動詞表現と名詞表現の意味概念の相違により生ずる現象と思われるものを論ずる。
　まず，心理動詞について次のような対応関係の食い違いがあった。

(26) a. The book amused John.
　　 b. *the book's amusement of John
　　 c. John's amusement at the book

　この食い違いを説明するために，Iwata (1995) は心理動詞の概念構造を(27)のように指定し，名詞化の際に非使役化が生ずると考えている。

(27) [CAUSE$_R$ ([X], [INCH [BE ([Y], [AT AMUSE ([AT$_T$ Z])])]])]
　　 X: Cause, Y: Experiencer, Z: Emotive object
　　 CAUSER highlights the resultant state and accords little weight to the causative process itself.
　　 AT$_T$ expresses a "targeted cause".

　(27) の CAUSE$_R$ の指定は次の現象を説明するためのものである。rather は，通例，形容詞，副詞を修飾し，(28b) のように動詞を修飾しない。しかし，心理動詞は rather の修飾を受けることから，結果の状態が強調されていると考える。

(28) a. That rather annoyed Mary.

b. *John rather broke the window.

同様に，(29) でも，horribly は様態の解釈はなく，程度の解釈をもつ。すなわち，様態は行為という概念を前提とするが，この概念が心理動詞には欠けていると考えている。

(29) The cavern frightened Mary horribly.

心理動詞が名詞化されると，この (27) の概念構造が次のような非使役化をうけると主張している。

(30) Decausativization　　(Iwata(1995))
　　 Amuse: [CAUSE$_R$ ([X], [INCH [BE ([Y], [AT AMUSE ([Z])])]])]
　　　　　　　　　　↓
　　 Amusement: [INCH [BE ([Y], [AT AMUSE ([Z])])]]

このように CAUSE$_R$ が削除されるのは，概念構造での顕著さと関連していると考えている。(30) を認めれば，派生名詞の概念構造に見合う構文は (26c) であり，(26b) ではないので，心理動詞の名詞化形が説明される。
　また，(31) のように意志 (volition) が概念構造に加えられれば，使役過程の顕著さを高めるので非使役化が起こらず，(32) の構文が可能であるとしている。

(31) [CAUSER ([X], [INCH [BE ([Y], [AT MENTAL STATE ([Z])])]])]
　　 ACT ([X], [Y])
　　 VOL

(32) a. John's deliberate amusement of the children with his stories
　　 b. the president's deliberate disillusionment of the people

しかしながら，心理動詞には，大石 (1989) の分析もある。そこでは，心理動詞の項はどちらも内項であるとする Belletti and Rizzi (1988) の

主張に従い，派生名詞においても同様に内項を二つとるとしている。実際，補部の位置に内項が二つ現れる構造が可能である。

(33) the amazement of people at the juggler

(33)の構造で，Anderson (1978) の「影響を受ける項が名詞句内で前置規則の適用を受ける」という条件[6]に従って前置されるのは，心理的影響を受けた people のほうである。従って，(26c)が適格となる。また，(32)の形は，主語に動作主が来ており，外項のある別の項構造をもつ動詞と考える。

いずれの分析でも，心理動詞の名詞化に見られる継承の問題を説明できるが，以下で見ていくように，概念構造に関わる意味概念の捉え方の違いというのは，人により程度の差を認めるのに対し，心理動詞の現象は揺れが見られないことから，内項を二つとるという分析の方を支持したい。

次に，能格動詞における問題を見る。

(34) a. Tomatoes grow.
b. Bill grows tomatoes.
c. the growth of tomatoes
d. *Bill's growth of tomatoes

(34)に示されるように，動詞の場合には自動詞用法と他動詞用法が可能であるのに対し，派生名詞では自動詞用法に対応するものに限られる傾向がある[7]。

能格動詞の自動詞と他動詞の関係を，Jackendoff と影山は次のように概念構造で捉えている。

---

[6] 前置規則の条件の他の定式化については，Fellbaum (1987) を参照のこと。
[7] ここでも -er 形は，例外的である。すなわち -er 自体が動作主もしくは道具と結び付かなければならないので，派生名詞は他動詞用法に対応する。
the opener of cans

(35) open [CAUSE ([ ], [GO ([ ], [TO [OPEN]])])]　(Jackendoff (1990))
(36) Anti-causativization　　　　　　　　　（影山 (1995)）
　　[CAUSE x [BECOME [BE y OPEN]]]
　　　　　　　　↓
　　[CAUSE x_i ^ [BECOME [BE y_i OPEN]]]　　(x ^ = suppression)

　(35) では，下線部が随意であることを表し，CAUSE があれば他動詞，なければ自動詞となる。(36) では，他動詞から反使役化により自動詞が導かれるとする。冒頭ですでに述べたように，動詞表現というのはその典型が行為をあらわすものであり，名詞表現というのはその典型が物を表すものである。すなわち，名詞になるということは，行為を表す概念が希薄になっていくことである。従って，自動詞型の概念構造と結び付くという傾向が出て来るのは当然といえる。そして，この傾向はかなり強いと思われるが，次の例のように，他動詞用法に対応する名詞化形も存在する。

(37) their movement of the huge rock to construct a road

　また，派生名詞よりも名詞化の度合が低く，従って依然として動詞に近いと考えられる -ing 形の場合は，次の例が示すように，首尾一貫して両方の解釈が存在する。

(38)　a. the opening of the door
　　　b. the sinking of the boat

　(38a) には，「ドアが開くこと」という読みと，「ドアを開けること」という読みの両方がある。従って，動詞から名詞への意味概念の変更には程度が存在すると思われる。
　次に，Pesetsky（1995）が実現の動詞と呼ぶ例を見る。

(39)　a. The doctor injected a 2% saline solution into Mike.
　　　b. The doctor injected Mike with a 2% saline solution.

c. the doctor's injection of a 2% saline solution into Mike
d. *the doctor's injection of Mike with a 2 % saline solution
(40) a. The doctor injected antibiotics into my arm.
b. The doctor injected the patients with antibiotics.
c. the doctor's injection of antibiotics into my arm
d. the doctor's injection of the patients with antibiotics

(Ito (1995))

(39) は Pesetsky の判断であるが, (40) の判断もあり, 揺れが見られる。同様に, Pesetsky が損失による状態変化を表す動詞と呼ぶ例にも, 判断の揺れが見られる。

(41) a. John cleared the dishes from the table.
b. John cleared the table of dishes.
c. John's clearance of the dishes from the table
d. *John's clearance of the table of dishes

(Pesetsky(1995))

(42) a. They drained oil from the tank.
b. They drained the tank of oil.
c. their drainage of oil from the tank
d.??their drainage of the tank of oil

(Ito(1995))

この二種類の動詞の概念構造は, Jackendoff (1990) に従うと次のようになる。

(43) a. inject NP into NP
   [CAUSE ([ ], [GO ([ ], [TO ([IN ([ ])])])])]
b. inject NP with NP
   [CAUSE ([ ], [INCH [BE ([ ], [IN ([ ])])]])]
(44) a. drain NP from NP
   [CAUSE ([ ], [GO ([ ], [FROM ([IN ([ ])])])])]

b. drain NP of NP
   [CAUSE ([ ], [INCH [NOT BE ([ ], [IN ([ ])])]])]

　(43b), (44b) の with 句と of 句はそれぞれ, Jackendoff が with 主題付加詞規則, of 主題付加詞規則と呼ぶ補助規則により解釈される[8]。従って, 派生名詞の方では規範的な概念構造を優先して解釈するということが働いているように思われる。しかし, これも (39) - (42) に見られるように判断の揺れがあり, 概念の捉え直しに関わる程度問題と考えられる。動詞に近い -ing 形では, 問題の構文が適格であることが Ito (1995) で報告されている。

(45) a. John's clearing of the table of dishes
　　　b. their draining of the tank of oil

(Ito(1995))

　以上, 動詞から名詞になることは, 行為から物になるという概念の捉え直しが関わって来ること, その際, 規範的な概念構造の方が優先されるということを見てきた。

5. 残った問題

まだ, 論じていないものに二重目的語構文がある。

(46) a. They gave books to Bill.
　　　b. They gave Bill books.
　　　c. their gift of books to Bill

---

　8) 例えば, with 主題付加詞規則は次のような形で述べられている。ここでは, その主旨がわかるよう最終案でないものを挙げてある。
　　　With-Theme Adjunct Rule (version 1)
　　　In a sentence containing with NP in the VP, if the Theme position is not indexed in
　　　the verb's lexical entry,then the object of with can be interpreted as Theme.
of 主題付加詞規則も同様の働きをする。

5. 残った問題

    d. *their gift of Bill (of) books
    e. their giving of books to Bill
    f. *their giving of Bill (of) books

(46) の現象を概念構造で説明できるだろうか。give の概念構造は，Jackendoff に従うと，次のようになる。

(47)   a. X give Y to Z
$$[\text{Cause}\,([X],\,[\text{GO}\,([Y],\,\begin{bmatrix}\text{From} & [X]\\ \text{TO} & [Z]\end{bmatrix})])]$$
         b. X give Z Y
$$\begin{bmatrix}[\text{Cause}\,([X],\,[\text{GO}\,([Y],\,\begin{bmatrix}\text{From} & [X]\\ \text{TO} & [Z]\end{bmatrix})])] \\ \text{AFF}\ \ ([X],[Z])\end{bmatrix}$$

(47) の2つの概念構造から，行為から遠い方を選べということになると，AFF の含まれていない (47a) の方ということになろう。しかしながら，二重目的語構文では判断の揺れがないこと[9]，他の例と異なり，(46d) と (46f) の二種類の名詞化形に差がでないことを考えると，意味の問題ではなく統語原理の問題として扱うべきであるように思われる。一つの可能性は，補部への内在格付与は一度に限られるという方向で考えていくことである[10]。問題は，何故一つに限られるのかを帰結として導き出すことであると思う。

次に，that 節を補部にとる場合，派生名詞では that を削除できないという現象があった。

(48) a. They announced (that) the train was about to leave.
      b. their announcement *(that) the train was about to leave

これは，that 節が派生名詞と同格として扱われ，派生名詞が構造上

---

  9) ただし，伊藤たかね氏から，(46f) を認めるインフォーマントが1人だけいるとの指摘を受けた。
  10) 堀内 (1995) は，この考え方を追究している。

thatを主要部統率できなくなっているか，あるいは，派生名詞そのものがthat削除を認可する統率を行う能力に欠けるかのいずれかであろうと推測される。詳細の定式化は今後の研究課題としたい。

6. まとめ

　第5節で挙げたような，今後の研究を待たねばならない現象も残っているが，冒頭で述べた基本的立場は，十分検討に値するものであることを論じた。すなわち，継承の問題を解く鍵は，言語使用者が新しく作った語を使いこなすためには語彙特性が継承していることが手がかりとなっているという立場をとることである。その上で，どのような変更が行われて，どのような影響を受けるのかを明らかにしていくことが重要である。接頭辞付加の場合は意味変更が重要であり，概念構造を用いて説明していく方法は可能性がある。接尾辞付加の場合は範疇変化が重要であり，範疇の統語的相違により自動的に違いがもたらされる現象と範疇と結び付いた意味概念の影響を受ける現象を区別することが重要である。

　本稿では，動詞から派生された名詞における継承現象を見ることにより，語彙特性は原則的に継承されるものであり，基体と派生語の不整合は他の原理の帰結であることを論じた。従って，継承の問題とは結果的に出てくる現象の問題であり，この結果として生ずる現象を原理としてまとめるのは間違いである。もし継承が原理でありうるとしたら，それは語彙特性は派生語に伝わるということである。このことが，他の原理・規則などとどのように影響しあうかを明らかにしていく道をとるべきである。

VI
二重目的語と総合的複合語

―――――――

0. はじめに

　本稿では，二重目的語を取る動詞が，何故総合的複合語に生じないかということに対する説明を試みる。次の例に示されるように，二重目的語を取る動詞は，総合的複合語に生じないことが知られている。

(1) a. *toy handing to babies
　　　b. *baby toy handing
　　　c. the handing of toys to babies

　また，二重目的語と同様，補部を二つ取る動詞も総合的複合語に生じない。

(2) a. *boot putting on the table
　　　b. *table boot putting
　　　c. the putting of boots on the table

　まず，第 1 節で先行研究を概観し，問題点を指摘した後，第 2 節で上記の現象を一般的な原理から説明する。その際，Larson（1988）が仮定した二重動詞句構造に対応する二重名詞句構造を名詞句に設定し，Lieber（1992）の名詞編入による総合的複合語の派生方法を採用するこ

とにより，空範疇原理，Chomsky（1995）の内部領域（internal domain）の定義，厳密循環の条件により説明できることを主張する。第3節で，空範疇原理を用いず，内部領域の概念だけで説明していく可能性を検討する。

1. 先行研究

　本節では，先行研究を概観して，特に二重目的語を取る動詞の例に限ってその問題点を検討しておくことにする。総合的複合語の説明を試みた代表的な研究に，Roeper and Siegel (1978), Selkirk (1982), Pesetsky (1985) がある。

(3) Roeper and Siegel's (1978) First Sister Principle:
　　　All verbal compounds are formed by incorporation of a word in first sister position of the verb.
(4) Selkirk's (1982) First Order Projection Condition:
　　　All non-SUBJ arguments of a lexical category X_i must be satisfied within the first order projection of X_i.

　(3)の第一姉妹の原理によると，(1a)のような複合語が可能であると誤った予測をしてしまう。(4)の第一投射の条件は，語構造が二股の枝分かれ構造しか有さないことから(1)，(2)の事実を正しく捉えることができるが，「すべての主語でない項」という条件が何故出て来るのか原理的でないという弱点を持つ。第一姉妹の原理は，自動的に主語が生じないことを予測するが，事実を説明できない。
　Pesetskyは，(5a)の総合的複合語のS構造に対して，(5b)のように，接尾辞が繰り上げられたLF表示が存在すると仮定して説明を試みている。

(5) a.　　　　　　　　　　　　b.

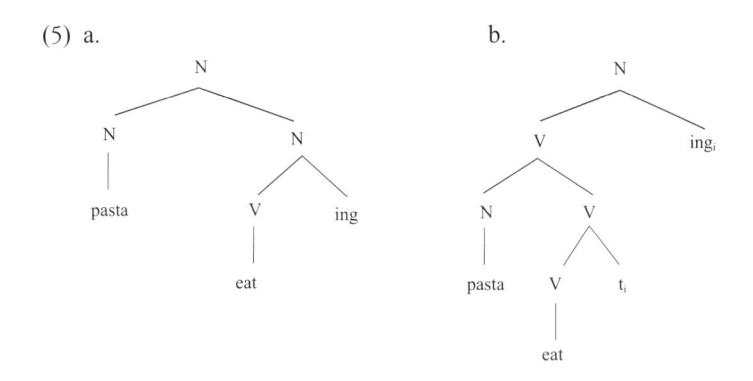

```
        N                              N
       / \                            / \
      N   N                          V   ing_i
      |   / \                       / \
   pasta V  ing                    N   V
         |                         |  / \
        eat                      pasta V  t_i
                                       |
                                      eat
```

　(5) において，θ役割を付与するという性質（素性）が同じ範疇であるなら浸透していくということ，θ役割付与の性質をもつ範疇と姉妹関係になる要素がθ役割を受け取るということが仮定されている。ここで，総合的複合語の内部に主語が生ずると，接尾辞と痕跡との間に主語が存在することになり，指定主語条件により，接尾辞と痕跡の関係が捉えられなくなるので排除されるとしている。従って，Pesetsky の説明方法も，主語が生じないことは一般条件により説明できることを可能にしている。しかし，この説明は (1), (2) の事実を説明することができない。例えば，Pesetsky に従うと (1a) は (6) の LF 表示をもつことになる。

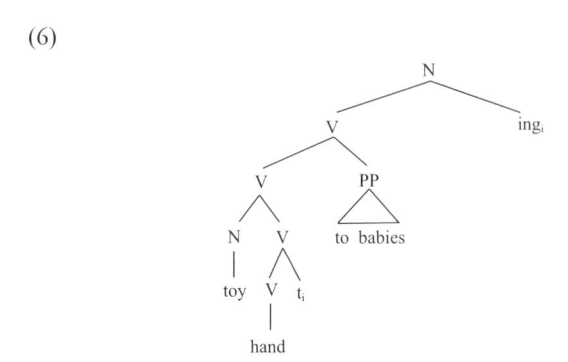

(6)

```
              N
             / \
            V   ing_i
           / \
          V   PP
         / \   △
        N   V  to babies
        |  / \
       toy V  t_i
           |
          hand
```

　(6) において，動詞 hand の θ 役割付与の性質は，一番上の V まで浸透していくことが可能であり，その結果，toy も to babies も V と姉妹

関係にあることからθ役割をそれぞれ適切に受け取ることができ，排除されなくなってしまう。

以上見てきたように，いままでの方法では総合的複合語の内部に二重目的語をとる動詞が生じないことが説明されない。

2. 二重名詞句構造と名詞編入

本節で，新たに (1)，(2) の事実を説明する分析を提案する。まず，総合的複合語は，Lieber (1992) で提案されている名詞編入により派生するとする仮説を採用する。Lieber は，主部と補部の位置関係が文構造と語構造で異なることはないという立場から，総合的複合語の左側に現れる補部は，文構造と同様にもともと右側にあったものを移動して派生したものであると主張している。例えば, thirst quencher という複合語は，次の (7a) から名詞編入という移動規則により派生される。

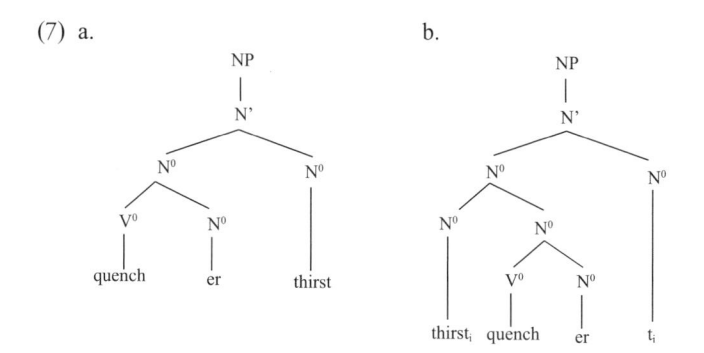

(7) a.   b.

[樹形図: (a) quench-er thirst を含む NP 構造、(b) thirst$_i$ quench-er t$_i$ を含む NP 構造]

このような移動が生ずるのは，名詞句が格をもつのに対し，名詞が格をもたず，このままでは可視性の条件（Visibility Condition）に違反してしまうからであるとしている。従って，語の内部では格がチェックされないと考えている[1]。

---

1) 名詞が格をもたず，語の内部で格のチェックが行われないということは，また別の独立した検証されるべき主張である。しかしながら，(7b) のような，θ役割を付与する述語

この分析は，英語において主部が補部より先に来ることが文構造でも語構造でも成立することを主張できる道を開き，句が総合的複合語の第一要素として現れないことを説明し，Baker (1988) の主題役割付与均一性仮説 (Uniformity of Theta Assignment Hypothesis)[2] を保持することができ，子供が (8a) の段階を経て (8b) を習得する事実を納得させてくれると，Lieber は主張する。

(8) a. kicker ball
　　b. ballkicker

次に，Larson (1988) で提案された二重動詞句構造を名詞句にも採用する。これは (1c)，(2c) (下に (9) として再述) のように複数の補部をとる名詞があること，また，(10) のように，動詞句と同じ構造上の性質を示すことから妥当であると考えられる。

(9) a. the handing of toys to babies
　　b. the putting of boots on the table
(10) a. the showing of Mary to herself
　　b. *the showing of herself to Mary
　　c. the giving of every check$_i$ to its$_i$ owner
　　d. *the giving of his$_i$ paycheck to every worker$_i$
　　e. the sending of no presents to any of the children
　　f. *the sending of any of the packages to none of the children

従って (9a) は次のような構造をもつと考える[3]。

に付加された位置で，格のチェックが行われているというような仕組みを考える立場を採用しても，本稿での議論は影響を受けないものと考え，この問題には深入りしないことにする。
　2)　Baker (1988) の主題役割付与均一性仮説は，次の通りである。
　　　　The Uniformity of Theta Assignment Hypothesis (UTAH)
　　　　Identical thematic relationships between items are represented by identical structural relationships between those items at the level of D-structure.
　3)　定冠詞の the は，NP の上にある DP の主部の位置にあると考える。

(11)

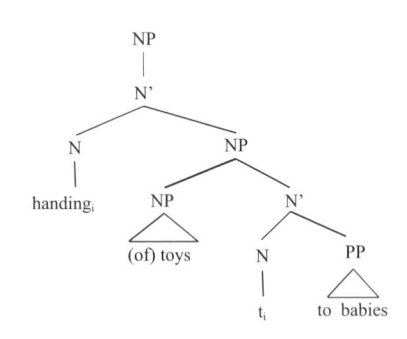

```
          NP
          |
          N'
         / \
        N   NP
        |   / \
   handingᵢ NP  N'
           △  / \
        (of) toys N  PP
                 |  △
                 tᵢ to babies
```

　(11)において，二つの補部 (of) toys と to babies が，Chomsky（1995）で定義されているように，(handingᵢ, t) という連鎖の内部領域にあることを確認しておきたい。すなわち，θ役割付与が具体的にどのような形で行われるにせよ，述語の内部領域にあることが確認された上で行われると考える。この関係は，後の議論で重要になってくる。

　上記のような構造を用いて，次のような，二重目的語をとる動詞を含む総合的複合語のすべての可能性がないことを論じていくことにする。

(12) a. *toy handing to babies

　　 b. *baby handing of toys to

　　 c. *toy baby handing to

　　 d. *baby toy handing to

　　 e. *baby toy handing

　　 f. *toy baby handing

　　 g. *toy handing of baby

　　 h. *baby handing of toy

　まず，本節で述べてきた仮説を採用すると，(12a) は名詞編入が生じた後，次のような構造をもつことになる。

(13)

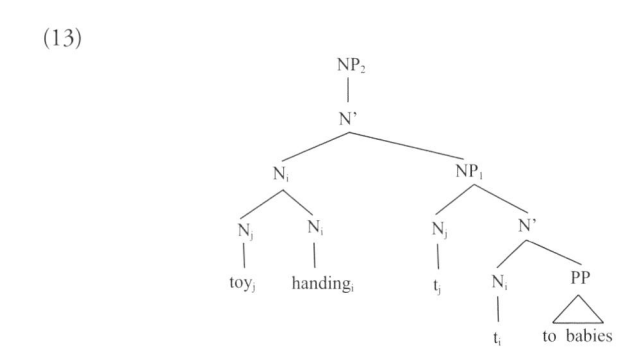

```
          NP₂
           |
           N'
          / \
         Nᵢ   NP₁
        / \   / \
       Nⱼ  Nᵢ Nⱼ  N'
       |   |  |   / \
      toyⱼ handingᵢ tⱼ Nᵢ  PP
                    |   △
                    tᵢ  to babies
```

　(13) の構造が派生される方法は二通りある。そのいずれもが原理に違反することになれば，(12a) は派生されないことが正しく予測されることになる。一つの派生方法は，handing がまだ NP₁ の下にあるときに toy が編入され，toy handing 全体が NP₂ の主部に繰り上げられる[4]ものである。この派生は二つの点で原理に違反する。一つは名詞編入が下方におこなわれるので，その時点で toy が痕跡を C 統御することができず，空範疇原理に違反する。もう一つは，toy が handing に付加されてから繰り上げられると，handing という述語の内部領域は to babies だけであり，Nⱼ は一度も handing の内部領域にはなかったことになる。(13) で tⱼ は，(toy handing, t) の内部領域にはあるが，これはすでに述語の連鎖ではなくなっている[5]。ここで，toy handing はあくまでも述語であり，その補部に toy の痕跡があるというような考え方はしない。すなわち, toy (あるいはその痕跡) が (toy handing, t) という連鎖の補部であるという考え方は奇妙なものであり，排除されなければならない。

　(13) の構造が派生されるもう一つの方法は，handing が NP₂ の主部に繰り上げられ，その後 toy が編入されるものである。これは，厳密循環の条件に違反する。すなわち，NP₁ の内部でできる操作を NP₂ の段階で行っていることになる。もう少し具体的に述べると，toy が付加される

---

　　4)　この繰り上げは，代入（substitution）と考えるが，付加（adjunction）であったとしても，以下の議論は同様に成り立つ。
　　5)　(7b) の許される派生においては，thirst の（θ 位置にある）痕跡は述語 quencher の内部領域にあり，θ 役割付与には問題が生じない。

目標がNP₁の主部の位置にあるNᵢという下の位置で可能でありながら，NP₂に拡大されてから付加位置を設定していることになり，厳密循環の条件に違反しているといえる。さらに，この二番目の派生方法でも，名詞編入された後の構造は(13)であり，一番目の派生方法と同じになってしまう。

次に，(12b)は次の構造をもつ。

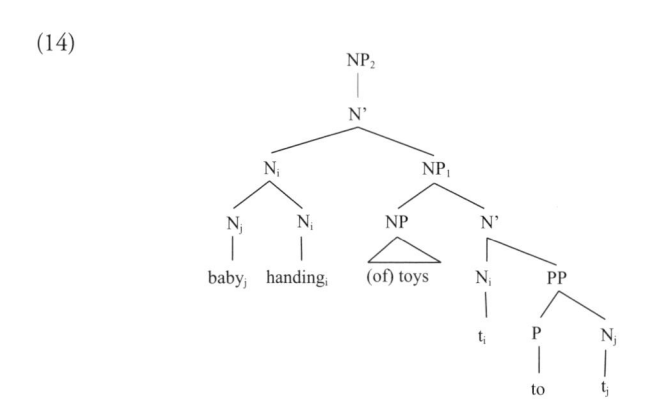

(14)

```
                NP₂
                 |
                 N'
                /  \
              Nᵢ    NP₁
             /  \    /  \
           Nⱼ   Nᵢ  NP   N'
           |    |   △   / \
         babyⱼ handingᵢ (of)toys Nᵢ  PP
                              |   / \
                              tᵢ  P  Nⱼ
                                  |  |
                                  to tⱼ
```

　(14)にも，二通りの派生方法が考えられる。一つは，babyがhandingに付加され，baby handing全体が繰り上げられた場合であり，もう一つは，handingが繰り上げられてからbabyがhandingに付加された場合である。一番目の派生は，名詞編入される際に，toという主部を越えて移動していると考えるなら主要部移動制約（Head Movement Constraint）に違反してしまうし，babyが前置詞に付加された後，handingに付加されたと考えても，(13)の場合で見たのと同様に，(of) toysが述語handing（または，その連鎖）の内部領域にないことになってしまう。二番目の派生も，主要部移動制約の違反になるか，あるいは，主部を渡り歩くことにより主要部移動制約違反を引き起こさなくとも，厳密循環の条件に違反してしまう。

　ここまで来ると，(12c), (12d)((15)として再述)の違反は自明である。

(15)　a. *toy baby handing to

b. *baby toy handing to

　(15a) は，baby を編入してから toy を，(15b) は，toy を編入してから baby を，それぞれ編入したものであるが，(14) から baby の編入に違反があり，(13) から toy の編入に違反があることは明らかである。
　これまで前置詞付きの構文に対応する名詞句構造を見てきたが，次に，二重目的語構文に対応する名詞句構造を検討する。Larson (1988) では，二重目的語構文は，二重動詞句構造の下の動詞句における受動化により派生されると考えている。そもそもこの受動化が名詞句内で起こらないとすれば，(12e) - (12h) の編入が起こり得る構造が存在しないことになり，(12e) - (12h) は派生されなくなる。しかしながら，Fujita (1996) に見られるように，二重目的語構文は前置詞付き構文とは初めから別個に存在するという考え方もある。ここでは，二重目的語構文がもともと独自の構造をもつという立場で検討を進める。
　まず，(12e) は，(16) の構造をもつ。

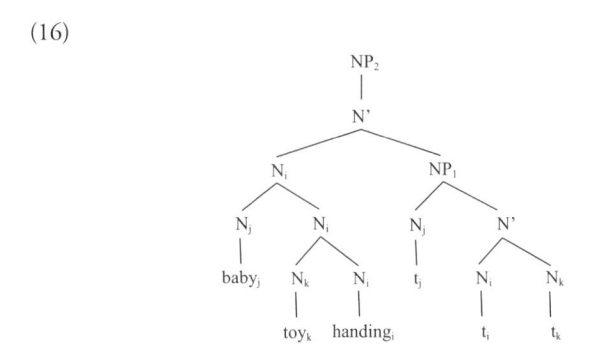

(16)

```
                    NP₂
                     |
                     N'
             ┌───────┴───────┐
             Nᵢ              NP₁
         ┌───┴───┐       ┌───┴───┐
         Nⱼ      Nᵢ      Nⱼ      N'
         |    ┌──┴──┐    |    ┌──┴──┐
       babyⱼ  Nₖ    Nᵢ   tⱼ   Nᵢ    Nₖ
              |     |         |     |
            toyₖ handingᵢ     tᵢ    tₖ
```

　(16) において，NP₁ の内部で主部の位置にある handing に toy が編入されることは，それ自体は問題がない。しかし，この toy handing 全体が繰り上げられると，tⱼ は handing の内部領域にないことになってしまい，θ 標示に問題が生じてしまう。また，toy が handing の繰上げ後に NP₂ の主部の位置にある handing に編入されたとすると，厳密循環の条

件に違反してしまう[6]。従って，baby を次に編入する以前に排除される。
次に，(12f) は，(17) の構造をもつ。

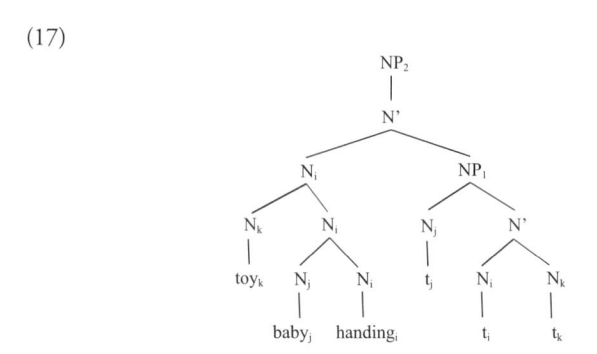

(17)

```
                    NP₂
                    │
                    N'
              ┌─────┴─────┐
              Nᵢ          NP₁
           ┌──┴──┐      ┌──┴──┐
          Nₖ    Nᵢ     Nⱼ    N'
          │   ┌─┴─┐    │   ┌─┴─┐
        toyₖ Nⱼ  Nᵢ    tⱼ  Nᵢ  Nₖ
             │   │         │   │
           babyⱼ handingᵢ  tᵢ  tₖ
```

(17) において，baby が NP₁ の主部の位置にある段階の handing に編入されると，名詞編入が下方に行われるので，その時点で baby が痕跡を C 統御することができず，空範疇原理に違反する。同時に，baby が handing に付加されてから繰り上げられると，handing という述語（または，その連鎖）の内部領域は toy だけであり，Nⱼ は一度も handing の内部領域にはなかったことになる。あるいは，handing が繰り上げられた後に baby が編入されると，厳密循環の条件に違反する。従って，toy の編入が問題になる以前に排除されることになる。

最後に，(12g)，(12h)（(18) として再述）を検討する[7]。

(18) a. *toy handing of baby
　　　b. *baby handing of toy

---

6) 厳密循環の条件だけでなく，主部移動制約に違反する可能性もある。
7) 動詞句の二重目的語構文では，内在格が最後尾の名詞句に与えられるが，名詞句では，本文 (1c)，(2c) の例に見られるように，内在格は先頭の補部に与えられるという違いがある。
　　(1) c. the handing of toys to babies
　　(2) c. the putting of boots on the table
従って，名詞句の内在格を考慮すれば，本文 (18a) のみが検討すべき対象であり，(18b) は，内在格をもらえるものを編入し，内在格をもらえないものを名詞句として残したため排除されることになるかもしれない。

(18) では，二重目的語構文に相当する名詞句構造で，片方の補部のみが編入されている。しかしながら，すでに (16)，(17) で論じたように，この一方の編入がそれぞれ違反を犯している。従って，(18) の例は，正しく排除される。

3. 内部領域

前節の (13) － (17) の構造で，それぞれの違反を論じてきた。空範疇原理と重複して説明される場合もあったが，厳密循環の条件に従って派生している限り，すべての違反に共通に現れる現象があった。すなわち，二重名詞句において，下の名詞句の主部から上の名詞句の主部への述語繰上げがある場合，編入をすると必ず補部として θ 標示を受けなければならないものが述語の内部領域にあると言えなくなるということであった。これは，述語繰上げと述語への編入が組み合わせられると，(α+predicate, t) という，述語にある要素が付加され，述語そのものとは言えない要素の連鎖を形成してしまうことに原因があった。従って，二重目的語をとる動詞でなくとも，(2) の put のように補部を複数とるものは，総合的複合語には現れないことになる[8]。

それでは，空範疇原理は総合的複合語を説明するのに全く必要ないのであろうか。現段階では，そうは言えない。ここで，主語が編入されないということを見てみる。

---

[8] 本稿とは直接関係しないが，内部領域という定義はさらに面白い帰結を生み出す可能性がある。述語の連鎖の内部領域という Chomsky の考え方は，述語繰上げが代入操作ではなく，付加操作であるとしたら，多重動詞句構造や多重名詞句構造において内部領域においてとれる補部は二つまでという帰結になる。すなわち，述語そのものが自分の痕跡と連鎖を形成して内部領域を拡大定義できるのは，付加操作一回までであるからである。

(19)

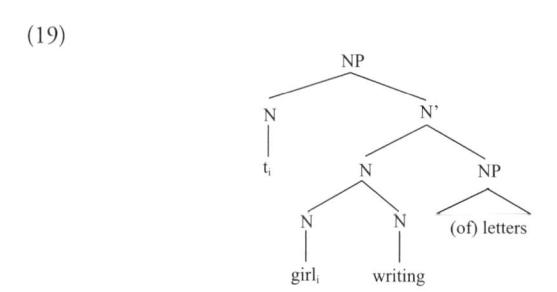

```
           NP
          /  \
         N    N'
         |   / \
         tᵢ  N   NP
            / \   |
           N   N  (of) letters
           |   |
          girlᵢ writing
```

(19)においては，動詞句内主語仮説と同様に，名詞句内主語仮説を採用している。構造から一目瞭然であるように，girl はその痕跡を C 統御できず，空範疇原理に違反している。この例では，空範疇原理が依然として必要である。

4. まとめ

Selkirk の「すべての主語でない項」という追加条件により説明されてはきたが，長い間，原理に基づいた説明がなされないままできた総合的複合語について，編入操作，二重名詞句構造，空範疇原理，内部領域の定義，厳密循環の条件を用いて，二重目的語や複数の補部をとる動詞の例まで含めて説明することを試みた。主語の編入が不可能であるのは，Lieber (1992) の構造と空範疇原理により説明されるが，複数の補部をもち，二重名詞句構造をとる述語の場合には，その述語に編入を行うと θ 標示の関係が適切に捉えられなくなるということを論じた。

Ⅶ
心理動詞と名詞化

―――――

0. はじめに

　本稿では，目的語に経験者（Experiencer）をとる動詞の主語が動作主（Agent）ではなく原因（Causer）であるものを心理動詞（psych verb）と呼んでいく。この心理動詞の名詞化に関しては，次の例文に見られるように，動詞の項実現とその派生名詞の項実現が単純な形で対応しないという問題が広く知られている。

(1) a. The book annoyed Bill.
　　b. *the book's annoyance of Bill
　　c. Bill's annoyance at the book
(2) a. The book amused John.
　　b. *the book's amusement of John
　　c. John's amusement at the book.

　この問題を解決するために，いままで様々な提案がなされてきているが，必ずしも満足のいく解決法ではなかった。本稿では，心理動詞自体がすでに語根から派生された形であるという Pesetsky（1995）の提案を採用し，Pesetsky とは異なる方法で心理動詞の名詞化に関わる問題を解決したいと思う。その際，関連する派生形として形容詞的受動形についても考察し，心理動詞，その形容詞的受動形及び名詞化形の関係を総合

的に説明していきたい。

1. 心理動詞とθ役割

　心理動詞の名詞化の議論の前に，Pesetsky の心理動詞の θ 役割に関する重要な提案をまず見ておくことにする。従来 (3)，(4) の Experiencer 以外の項は，Theme という共通の θ 役割が与えられていた。これは，意味役割とそれが項として実現される統語位置とが対応すると考える Perlmutter and Postal (1984) の UAH (Universal Alignment Hypothesis) や Baker (1988) の UTAH (Uniformity of Theta Assignment Hypothesis) という仮説にとってリンキングパラドックスという問題を引き起こしていた。Pesetsky は，これらの項が担う意味役割を，例文に示したように，厳密に区別してリンキングパラドックスを解決している。

(3) a. Bill was very angry at the article in the *Times*.
　　　　[Exp]　　　　　　　[Target]
　　b. The article in the *Times* angered Bill.
　　　　[Causer]　　　　　　　　　　[Exp]
(4) a. John worried about the television set.
　　　　[Exp]　　　　　[Subject Matter]
　　b. The television set worried John.
　　　　[Causer]　　　　　　　[Exp]

　(3b)，(4b) の主語が担う意味役割を原因項とし，(3a) の前置詞の補部は「感情の対象 (Target of Emotion)」，(4a) の前置詞の補部は「感情の題材 (Subject Matter of Emotion)」という意味役割を担うとした。このように，同じであると一般に仮定されてきた意味役割を分離することに意味的な根拠があると Pesetsky は考えている。すなわち (3)，(4) において，それぞれ，a と b の文は真理条件が異なる。(3a) では，Bill が記事について怒っているのに対し，(3b) では，Bill は記事が原因で怒っているが，その怒りが記事自体に向いているとは限らない。(4a) では，John

はテレビについて心配しているが，(4b) では，テレビが John の心配を引き起こした原因であるが，直接の心配事がテレビそのものであるとは限らない。

心理動詞が上記の意味役割を持つと考え，Pesetsky は，次のように，心理動詞，心理動詞の形容詞的受動形，心理動詞の名詞形が共通の語根からの派生形であると主張し，それぞれ示された意味役割を持つと考えている。

(5) a. √ annoy (<u>A-Causer</u>, Exp, T/SM)
    b. √ annoy+CAUS=annoy (<u>Causer</u>, Exp, T/SM)
    c. √ annoy+ed=annoyed (<u>Exp</u>, T/SM)
    d. √ annoy+ance=annoyance (<u>Exp</u>, T/SM)

(5a) は心理動詞 annoy とその派生形に共通の語根であり，A-Causer（Ambient Causer）という外項を持つ。語根の外項である A-Causer は，Experiencer の内部で情緒を生み出す心的原因を指し，必然的に Experiencer と A-Causer は同一指示的になる。ただし，フランス語と異なり，英語では A-Causer を実現する仕組みを持たないと考えている。フランス語では，この A-Causer が再帰的接語（reflexive clitic）として現れる。

(5a) の語根に CAUS というゼロ接辞が付加されることにより，(5b) の心理動詞が派生されることになる。その際，A-Causer が削除され，CAUS の要求する Causer が外項として加えられる。このようにゼロ接辞を仮定する理由は，英語では心理動詞が単一形態素として現れるのに対し，日本語では対応する心理動詞が「動詞語幹 +aseru」という複合形態素で現れるからである。また，ゼロ接辞を仮定することにより，「ゼロ接辞付加により派生された語は，さらに派生形態素を付加することを許さない。」という Myers (1984) の一般化を使って (1b), (2b) の名詞化が許されないことを説明することができるからでもある。すなわち，心理動詞が (5b) のようにすでにゼロ接辞付加による派生を受けているなら，さらに接辞付加により名詞化をすることは不可能になる。(1c), (2c)

の容認される名詞化形は別の方法で派生されたということになる[1]。

(5b) で問題なのは，派生された心理動詞が意味役割を三つ持つことである。次の例で示されるように，心理動詞に項が三つ実現されることはない。

(6) a. *The article in the *Times* angered Bill at the government.
b. *The television set worried John about the veracity of Bill's alibi.

この現象を Pesetsky は Target/Subject Matter 制限（T/SM 制限）と呼んでいる。(3), (4) と比較して言えることは，Causer と Target/Subject Matter とが同時に現れないということである。この現象は，意味の変則性では説明できない。というのは，次のように，同じ意味役割が関与している分析的使役構文は問題がないからである。

(7) a. The article in the *Times* made Bill angry at the government.
b. The television set made John worry about the veracity of Bill's alibi.

心理動詞が意味役割を三つ持ちながら，それを担う項が二つしか現れないことを説明するために，Pesetsky は，CAUS というゼロ接辞が構造

---

1) Pesetsky (1995) がゼロ接辞の CAUS を設定して説明しようとしたものには，本文の説明に出てくる心理動詞の名詞化と T/SM 制限の他に，心理動詞と二重目的語動詞にみられる逆行束縛，Oehrle (1976) の観察，二重目的語動詞の名詞化が含まれる。
　Backward Binding
　　(i) a. Pictures of himself worry John.
　　　b. Pictures of each other annoyed the kids.
　　(ii) a. Each other's remarks gave John and Mary a book.
　　　b. Those books about himself taught Bill the meaning of caution.
　Oehrle's Observation
　　(iii) a. Nixon gave Mailer a book.
　　　b. Nixon gave a book to Mailer.
　　(iv) a. Interviewing Nixon gave Mailer a book.
　　　b. *Interviewing Nixon gave a book to Mailer.
　Nominalization
　　(v) a. They gave Bill books.
　　　b. *their gift of Bill (of) books
　　　c. their gift of books to Bill

1. 心理動詞とθ役割

上一番深く埋め込まれており，心理動詞の位置まで主要部移動していかなければならないと主張している。そうすると，彼の考えるカスケード構造においては (6a) の at, (6b) の about が移動の経路に介在する主要部となり，CAUS が心理動詞までたどり着けず，CAUS に課せられた条件を満たせなくなり非文法的となると主張する。この CAUS を最も深く埋め込んだ位置に設定するのは，逆行束縛の例を説明するためである。しかしながら，彼は，(7) の分析的使役構文においても，構造上最下部に CAUS を設定しており，今度は (7) を救うために別の新しい仮定群を設定しなければならなくなっている[2]。

(7) において，CAUS を一番深く埋め込まれた位置に設定するのは問題がある。分析的使役構文は述語を二つ持つが，CAUS は下の述語 angry や worry と結びつくべきものではなく，上の述語 made と結びつくものである。母型文の動詞と意味的に関わるべき要素が，埋め込まれた異なる意味役割の領域を越えて位置づけられるのは不自然である。従って，心理動詞が CAUS というゼロ接辞を持つという考えは賛成できても，この CAUS を最も深く埋め込み，主要部移動により T/SM 制限を説明することは難しいと考えられる。(7) の文が容認可能であるのは，(6) とは異なり，Causer と Target/Subject Matter が同じ述語の項と結びつけられているのではなく，Causer が母型文の述語と結びつけられ，Target/Subject Matter が埋め込まれた述語の項と結びつけられてい

---

2) Pesetsky (1995) の関連する一連の仮定は次の通りである。
   (i) a. CAUS does not license Case on its object.
       b. CAUS is not part of the θ-selectional domain of the main predicate.
       c. CAUS is [+affix], and must be moved to the main verb.
   (ii) a. $CAUS_P$ and $CAUS_{aff}$ are similar enough that each discharges the features of the other.
       b. $CAUS_P$ θ-selects Causer. $CAUS_{aff}$ also θ-selects Causer.
       c. Movement may not proceed from a position in which θ-role R_1 is θ-selected into a position in which a distinct θ-role R_2 is selected.
       d. The features of CAUS are strong.
   (iii) Suppression of external argument
       Only affixation of a semantically contentful morpheme to a verb with an external argument α allows α to be unexpressed ("suppressed") in syntactic structure.
   (iv) a. There will be no lower Causer position at LF.
       b. The HMC must be a constraint on movement.
       c. Binding relations cannot strictly be read off LF representations.

るからである。分析的使役構文の二つの述語が異なる意味役割領域（あるいは，節）を形成することは，次の例からも明らかである。

(8) a. I moved the child while eating ice cream.
　　　b. I made the child move while eating ice cream.
　　　　(Miyagawa 1997)
(9) a. *Sue made the rocks land on herself.
　　　b. *The boys$_i$ made the girls think about each other$_i$.
　　　　(Pesetsky1995)

　(8a) では，eating の主語が I としか解釈されないのに対し，(8b) では，eating の主語が I である場合と the child である場合の複数の解釈が可能である。このことは，分析的使役構文である (8b) が while 節の生じうる二つの位置を持つことを示している。Haegeman and Wekker (1984) の議論から，同時性を表す while 節は，IP のレベルに生じていると考えられる。従って，分析的使役構文には二つの IP レベルが存在すると考えられる。(9) の例も，照応形の束縛関係から，二つの述語が異なる意味役割領域を形成していることを示している。
　このように見てくると，(6) が非文法的であるのは，Causer と Target/Subject Matter が単一の述語と結びついていることが問題であると考えられる。従って (5b) の心理動詞の項構造は次のように修正されるべきである。

(10) √ annoy+CAUS=annoy (<u>Causer</u>, Exp)

　心理動詞の項構造が (8) のようになるということは，語根 (5a) の項構造も次のように修正されなければならないことになる。

(11) √ annoy (<u>A-Causer</u>, Exp)

　同時に，心理動詞の語根が (11) の項構造を持つということは，形容詞的受動形の項構造 (5c)，名詞化形 (5d) も，それぞれ，(12)，(13) のよ

うに修正されなければならないことになる。

(12) √ annoy+ed=annoyed (Exp)
(13) √ annoy+ance=annoyance (Exp)

　以下の節では，(10) – (13) の修正された項構造を採用して議論を進めていくことにする。

2. 心理動詞と形容詞的受動形

　前節で形容詞的受動形の項構造を修正したが，そのままでは問題が生じる。すなわち，次の例のように，形容詞的受動形に Target や Subject Matter を担う項が生じている場合，どこからこの意味役割が与えられるのかという問題が出てくる。

(14) a. Bill was angered at the article in the *Times*.
　　 b. John is worried about the future.

　この問題については，丸田 (1998) の主張を採用する。彼は，一般に喜怒哀楽などの心理状態を表す形容詞には，随意的に Target 項や Subject Matter 項の出没が可能であるという事実に注目した。

(15) a. They were sad.
　　 b. They were sad at the prospect of parting.
(16) a. He is happy.
　　 b. He is happy about his promotion/at the news.

　このような相関から，心的状態を表す語彙概念構造が心的方向を表す語彙概念構造に転換するという語彙規則を提案している[3]。

----
　3)　丸田 (1998) では，目的語に経験者を持つ動詞のうち，anger などの動詞には (i) のテンプレートを，remind などの動詞には (ii) のテンプレートを仮定している。

(17) [BE [x *PSYCHOLOGICAL* STATE]] → [ORIENT [x *TOWARD*-y]]

この規則が適用されると,心理状態を表す (18a) のような一項述語が (18b) のような二項述語となり,Target/Subject Matter 項をとることができるようになると考えている。

(18) a. annoyed (Exp)
　　　b. annoyed (Exp, T/SM)

ここで形容詞的受動形の派生について検討する。Oshita (1994) では,心理動詞に限らず,形容詞的受動形は基体の外項を削除して派生すると一般化できると主張している。また,派生された形容詞的受動形が指すものは基体の直接内項となることから,基体には直接内項が必要であると主張している。重要な点は,心理動詞だけを扱っているのではなく,様々な種類の項構造をもつ動詞すべてに当てはまる規則を提案しているということである。彼の形容詞的受動形を派生する規則は次の通りである。

(19) Adjectival Passive Formation on a Past Participle with the *-en* Suffix
　　　ⅰ: R-bind P-3 argument. (shown as "R=argument") [obligatory]
　　　ⅱ: Delete P-1 argument. (shown as "argument=∅") [obligatory only if there is a P-1 argument]

(19) で P-1 項と指定されている項が外項を表し,以下の丸括弧表記の一番外側に表記される。P-3 項と指定されている項が直接内項を表し,丸括弧表記で一番内側に表記される。以下,Oshita の例を用いて,動詞の種類ごとに,(19) の規則を適用した結果を見てみる。

(20) Transitive V: (x (∅ (y))) → Adj: R=y (x=∅ (∅ (y)))
　　　a. The Halloween party is supervised.

　　　(ⅰ) [x ACT ON y] CAUSE [BE [y *PSYCHOLOGICAL* STATE]]
　　　(ⅱ) [x ACT ON y] CAUSE [ORIENT [y TOWARD-z]]

b. a written statement

c. The custom is firmly established.

d. a furnished room

(21) Psych-Stative V: (x (Ø (y))) → Adj: R=y (x=Ø (Ø (y)))

a. the revered scholar

b. respected leaders

c. admired statesmen

d. The king was feared.

e. The man is despised.

(22) Psych-Causative V: (y (Ø (x))) → Adj: R=x (y=Ø (Ø (x)))

a. excited animals

b. a frightened kid

c. exasperated mothers

d. The viewers felt utterly disgusted.

(23) Ditransitive V: (x (y (z))) → Adj: R=z (x=Ø (y (z)))

a. The Clinton Administration's *(error-)filled start was unfortunate.

b. These *(tree-)lined streets are beautiful.

c. *(Drug-)related crimes are on the rise.

d. We want to see more *(community-)oriented services.

e. The *(Memphis-)based firm was investigated by the FBI.

a'. The Clinton Administration's start was filled *(with errors).

b'. These streets are lined *(with trees).

c'. The recent crimes are related *(to drugs).

d'. The new services are oriented *(to our community).

e'. The firm was based *(in Memphis).

(24) Unaccusative V: (Ø (Ø (x))) → Adj: R=x (Ø (Ø (x)))

a. wilted lettuce

b. fallen leaves

c. a collapsed tent

d. Al's feet are swollen.

e. The screens are all rusted.

(25) Unergative V: (x (Ø (Ø))) → Adj: R (x=Ø (Ø (Ø)))

    a. *walked men
    b. *swum girls
    c. *jumped dolphins
       [violation of (14i) : no P-3argument to R-bind]
(26) MiddleV: (x (adv (Ø))) → Adj: R (x=Ø (adv (Ø)))
    a. *driven-smooth
    b. *sold-best
    c. *cooked-quick
       [violation of (14i) : no P-3argument to R-bind]
(27) Identificational V: (x (adj (Ø))) → Adj: R (x=Ø (adj (Ø)))
    a. *looked-nice
    b. *smelled-funny
    c. *sounded-strange
       [violation of (14i) : no P-3argument to R-bind]
(28) Subject-Raising V: (Ø (Ø (p))) → Adj: R (Ø (Ø (p)))
    a. *seemed
    b. *appeared
       [violation of (14i) : p cannot be R-bound] p=proposition

　Oshitaの規則はかなりの説明力を有している。しかしながら，気になる点がある。(19)の第二条項で外項がある場合には外項を義務的に削除せよと述べている部分である。すなわち，条件付きの義務性を持ち出している点である。これは，(24)のような非対格動詞が存在するために付けられた条件である。しかし，非対格動詞のすべてが形容詞的受動形になるわけではないという観察がPesetsky（1995）で述べられている。

(29) a. elapsed time
    b. departed travelers
    c. newly arrived packages
    d. a newly appeared book
    e. a capsized boat
    f. a fallen leaf

g. collapsed lung
h. blistered paint
i. a failed writer
j. a decesed celebrity
k. a stalled machine
l. well-rested children
m. a risen Christ
n. a stuck window
o. drifted snow
p. a lapsed Catholic

(30) a. *an (already) occurred event
b. *(recently) left travelers
c. *(newly) come packages
d. *(recently) grown interest
e. *a (recently) surfaced problem
f. *(recently) descended balloon
g. *(recently) peeled skin
h. *(often) stunk paint
i. *a (recently) succeeded writer
j. *a (recently) died celebrity
k. *a (frequently) paused machine

　Pesetskyは，非対格動詞で形容詞的受動形になるものとならないものとの違いが，A-Causerを持つか否かにより説明されると主張する。すなわち，(29)のように形容詞的受動形が認められるelapse, departなどの非対格動詞はA-Causerという外項を持ち，この外項を削除することにより派生が成立すると考えている。この考え方が正しければ，Oshitaの規則に条件はいらなくなる。本稿では，この考えを採用し，(19)の規則を次のように修正する。

(31) Adjectival Passive Formation on a Past Participle with the *-en* Suffix
　　 i : R-bind P-3 argument. (shown as "R=argument") [obligatory]

ii : Delete P-1 argument. (shown as "argument=Ø") [obligatory]

　本稿では，心理動詞の形容詞的受動形も (11) の語根から外項が削除されて，(12) が派生されると考える。このように考えるのは，Myers の一般化により，語根からゼロ接辞付加により派生されている動詞には接辞付加ができないからである。心理動詞が語根から派生されたものであるという考えは，次節の名詞化形を説明する際にも必要となる。

(11) √ annoy (A-Causer, Exp)
(12) √ annoy+ed=annoyed (Exp)

　この考えを採用することにより，全く同一の規則ですべての動詞についてその形容詞的受動形の可否を説明できることになる。

3. 心理動詞と名詞化形

　前節で，丸田（1998）に従い，心理状態を表す形容詞が随意的に Target 項，あるいは，Subject Matter 項をとると仮定した。心理動詞と関連する名詞化形についても同様の仮定を採用する。従って，(32a) のような心理状態を表す一項述語の名詞が (32b) のような二項述語の名詞になると考える。

(32) 　a. amusement 　　　(Exp)
　　　 b. amusement 　　　(Exp, T/SM)

　(32b) の項構造が，第 0 節で挙げた次の例を説明する。

(1) 　c. Bill's annoyance at the book
(2) 　c. John's amusement at the book

　心理動詞に関連する名詞化形についても，形容詞的受動形と全く

同じように，Experiencer 項だけを持つ一項述語に随意的に Target/Subject Matter 項を付け足す規則を認めた。ここで，形容詞的受動形が Experiencer 項を外項として実現するだけでしばしば用いられるのに対して，名詞化形が (32a) のような項構造のままで用いられることがあるかという疑問が出てくるかも知れない。次の例がある。

(33) to my great amusement

　(33) の amusement は「おもしろがっている状態 (the state of being amused)」と OED の説明がある。従って，心理状態を表す一項述語と考えられる。
　(33) の述語が (32b) のように Experiencer 項の他に内項を持っているのではなく，(32a) のように Experiencer 項だけをもっていることは，次の例と比較することにより確かめられる。

(34)　a. the enemy's destruction of the city
　　　b. the destruction of the city
　　　c. *the enemy's destruction

　(34c) が非文法的であるのは，内項が存在しているにもかかわらずその内項を現さず，外項のみを現したためである。これは，外項の意味役割が，述語と内項により合成的にあたえられることからの帰結である。これに対して，(34b) のように，外項を現さず，内項だけを現すことは，名詞化形で可能である。
　ここで，(33) の例を見てみると，項が一つだけ実現されていて文法的である。この実現されている Experiencer 項は外項であろうか，それとも内項であろうか。内項であるとすると，名詞句の中で前置されたことにならなければならない。しかしながら，名詞句内での前置は適用されていないと考えられる。名詞句内で内項を外項の位置へ前置する操作は，Fellbaum (1987) で論じられているように，派生名詞が達成 (accomplishment) の意味を持たなければならない。

(35) a. the cities' destruction by the barbarians
　　 b. *cities' destruction by the barbarians

　他方，心理動詞は達成とは異なる意味を持つことが，丸田（1998）で論じられている。まず，達成動詞と異なって継続を表す時間副詞をとることが挙げられている。

(36) That television program amused me for an hour.

　また，達成動詞では almost の解釈に多義性が見られるのに対し，心理動詞では多義性が見られないことが挙げられている。

(37) He almost built a castle.
(38) a. They almost noticed me in the corridor.
　　 b. These events almost amused me.

　達成動詞の例 (37) には，城の建築がまだ始まっていないという解釈と，城の建築は始まったがまだ完成していないという解釈がある。達成動詞ではない例 (38a) には，このような多義性がなく，まだ出来事が始まっていないという解釈となる。心理動詞の例 (38b) も，多義的ではなく，出来事がまだ始まっていないという解釈になる。従って，心理動詞と意味的に関連した名詞化形においても，達成の意味はなく，名詞句内の内項の前置は不可能と考えられる。
　このように考えてくると，(33) は外項だけを実現していることになる。すでに (34) で見たように，内項が実現されないで外項が実現されることはありえないからである。従って，(32) の項構造は妥当なものと考えられる。
　さて，心理動詞に関連する名詞化形の項構造を (32) のように仮定したが，これはどのように派生されるのであろうか。本稿では，動詞自体が語根から派生されているという説を支持したが，その動詞から直接派生されると考えたらどうなるであろうか。

(39) amuse　　　　　　(Causer, Exp)
(32) a. amusement　　　(Exp)

　第1節で仮定した心理動詞の項構造 (39) から，本節で仮定した名詞化形の項構造を得るためには，外項を削除して決して出てこないようにしなければならない[4]。しかしながら，一般に，動詞とその名詞化形の間にそのような関係は見られない。動詞が名詞化された場合，Selkirk (1982) のように，外項が随意的になると指定するか，Grimshaw (1990) のように，項付加詞（a-adjnct）と考えるのが一般的であり，必要な場合には外項が現れる。

(33) a. John enjoyed the film.
　　 b. John's enjoyment of the film

　従って，動詞から直接派生すると考える方式は，第0節で見た非文法的な例を間違って文法的と予測してしまうことになる。

(1) b.*the book's annoyance of Bill
(2) b.*the book's amusement of John

　このように見てくると，動詞から直接派生するという考えは，動詞とそこから派生された名詞との間にある一般的な関係を失うことになってしまうことになる。(1b), (2b) の例が許されないのは，Pesetsky と同様，心理動詞が語根からゼロ接辞 CAUS を付加されて派生されているため，Myers の一般化により阻止されるためであると考える。
　動詞に直接接辞を付加して名詞化形を作ることができないとすれば，残された可能性は以下の語根に接辞付加することである。

　4）　ただし，目的語に経験者をとる動詞でも，主語に動作主をとる場合は，他の動詞と同じ振る舞いをする。
　　(i) a. amuse (Agent, Exp)
　　　　b. John's (deliberate) amusement of the children with his stories

(11) √ annoy　　　(A-Causer, Exp)

　第2節の形容詞的受動形の議論で見たように，英語では具現されることのないA-Causerが外項として設定されている必要がある。しかしながら，(11)から名詞を派生する際に，この外項は何らかの形で削除され，(32a)の項構造に至らなければならない。これが必要な操作であるが，どのような原理に基づいて行われるのかという問題は今後の研究課題としたい。

4. まとめ

　本稿では，心理動詞とそれに関連する形容詞的受動形，名詞化形がそれぞれ示す特徴を同時に説明するために，以下に繰り返すように，心理動詞がその基体に語根を持っており，その語根を中核として，心理動詞，形容詞的受動形，名詞化形が間接的な派生関係にあると論じた。

(10) √ annoy+CAUS=annoy　　　(Causer, Exp)
(11) √ annoy　　　　　　　　　(A-Causer, Exp)
(12) √ annoy+ed=annoyed　　　(Exp)
(13) √ annoy+ance=annoyance　(Exp)

　心理動詞と形容詞的受動形，心理動詞と名詞化形がそれぞれ直接的な派生関係にあると考えると，心理動詞は本格的な項を二つ持つ二項述語であり，形容詞的受動形では動詞に外項がなくてはならず，名詞化形では動詞に外項があっては困るというパラドックスが生じる。この問題を解決するために，英語では具現されない外項を持つ語根を仮定し，間接的な派生関係で結びつけられているという考えを支持した。

Ⅷ 語彙規則と表示レベル

0. はじめに

　本稿では，語彙規則と表示レベルとの関係を整理し，項の数が変更されるなどの統語現象に関わる，基体の語と派生語の間に見られる特性の変更という関係を説明していくためには，語彙概念構造（Lexical Conceptual Structure），述語・項構造（Predicate-Argument Structure），統語部門の構成素構造（Constituent Structure）という三つの表示レベルが必要であることを論じ，それぞれの表示が関わることにより説明される具体例を考察すると共に表示の問題を検討する[1]。

---

[1] 語彙規則に関わる表示は，本稿で扱うものの他に，角括弧付けのパラドックス（bracketing paradox）と呼ばれる現象を解決するために提案された PF での表示がある。Lieber（1992）では，このパラドックスの例の一つである unhappier に対して，次の表示を与えている。

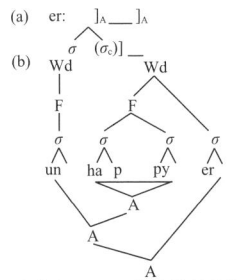

(a) 　er:]_A ＿]_A
　　　　σ (σ_c)] ＿
(b)　Wd　　　Wd
　　　│　　　│
　　　F　　　F
　　　│
　　　σ　σ　σ　σ
　　　un ha p py er
　　　　　　A
　　　　　A
　　　　A

(a) が比較級の条件を，(b) の上半分が音韻構造を，(b) の下半分が形態構造を表している。

1. 三つの表示レベルの関係

語彙概念構造，項構造，構成素構造の三つの表示レベルの関係を break という動詞を例に取ると，概略次のように示される。

(1) LCS　　　[x CAUSE [BECOME [y BROKEN]]]
　　PAS　　　<x <0 <y>>> [2]
　　Syntax　　[vP x v [VP break y]][3]

　語彙概念構造は基本的意味成分を用いた，語の意味表示であり，いずれにせよ言語の仕組みに必要な表示である。この表示では，述語で表される出来事への参加者の関係が表され，結果的に，その参加者の意味役割（θ-role）を導き出すことができる。この構造と統語構造を仲介するのが項構造であり，項構造は，項の数と階層関係を表す。すなわち，項構造は，どれだけの参加者があるのか，また，その統語上の位置はどこであるかを表している。項構造の3つの階層で最上位に現れる項が主語として実現され，最下位に現れる項が直接内項として実現される。語彙概念構造と項構造は，リンキング規則により関係付けられる。
　語彙概念構造と構成素構造は，表示の方法は別にして，経験的，概念的に必要な表示レベルである。これに対して，項構造という中間的な第三の表示レベルが必要であるか否かは，経験的に裏付けが必要である。以下，それぞれの表示レベルにより説明される例を順に検討していくことにする。

　　2）項構造の表示には，項の三つの位置を設定する Oshita (1994) の表示方法を採用する。
　　3）構成素構造は，述語に直接関わる表示部分のみを示す。その際，動詞句内主語仮説と多重動詞句構造を採用し，それに基づいて表示する。

2. 語彙概念構造

　語彙概念構造は，語の意味表示であり，これに関与する語彙操作は，意味を変更する操作である．すなわち，述語の意味成分を変更して，新しい意味表示を作る語彙規則が関与する．この具体例として考えられるのは，使役交替である．使役交替が可能な動詞は，Tsujimura (1999) で論じられているように，二つの条件を満たすものである．一つの条件は，動詞の表す出来事が外的原因 (external cause) により引き起こされるという意味をもつことである．すなわち，動詞の表す出来事の外的原因を表すものを主語に取る動詞である．もう一つの条件は，その外的原因を表す主語に意志を持つ (volitional)「動作主」(AGENT) だけでなく，意志を持たない「原因」(CAUSE) も許す動詞であることである．

(2) a. Mary broke the vase.
　　 b. The vase broke.
(3) a. John laughed.
　　 b. *The teacher laughed John.

　(2) の break は，動詞によって表される変化を受ける目的語の外に，その変化の原因がある．このように外的原因を主語に取る動詞は使役交替を許す．これに対して，(3) の laugh という行為は，主語として現れている有生物の内部から自然に湧き出てくるものであり，内的原因によるものと考えられる．従って，上で述べた条件を満たさないため，使役交替は許されない．
　二番目の条件について見る．

(4) a. The storm broke the vase.
　　 b. The vase broke.
(5) a. My father wrote the story.
　　 b. *The story wrote.

(4)のように, break が使役交替できるのは, 外的原因として主語に意志を持たない「原因」を取れるからである。これに対して, (5) の write は, 主語が外的原因を表しているが, 必ず意志を持つ「動作主」しか取らないため, 使役交替が許されない。さらに言うと, break でも, 主語に「動作主」しか取れないような目的語を選択すると, 使役交替が許されなくなる。

(6) a. John broke his promise.
　　　b. *The storm broke his promise.
　　　c. *His promise broke.

　(6)のように,「約束を破る」という表現に用いた break は主語に「原因」をとることができず, 二番目の条件を満たすことができないため, 使役交替が起こらない。
　ここで注意しなければならないのは, 使役交替により, 項の数が減少しているが, 項構造に操作が行われて項の数のみ変更しているわけではないということである。語彙概念構造に関与する語彙規則は, 使役交替に見られるように, 述語が表現する出来事への参加者の数を変更する場合があるが, 今見てきたように, 意味役割に関する条件が課されている。すなわち, 項の数や階層関係にのみ関与するのではないことから, 項構造に対する操作ではないということになる。従って, 語彙概念構造に基づいて, 一定の意味を持つものが, 使役交替をすると指定されなければならない。使役交替をする能格動詞の自動詞と他動詞の関係を, Jackendoff と影山は次のように概念構造で捉えている。

(7) open: [CAUSE ([ ], [GO ([ ], [TO [OPEN]])])]
　　　　　　　　　　　　　　　　　　　　　　　(Jackendoff(1990))
(8) Anti-causativization　　(影山 (1995))
　　　open: [CAUSE x [BECOME [BE y OPEN]]]
　　　　　　　　　　↓
　　　[CAUSE x_i ^ [BECOME [BE y_i OPEN]]]（x^=suppression）

(7) では，下線部が随意であることを表し，CAUSE があれば他動詞，なければ自動詞となる。(8) では，他動詞から反使役化により自動詞が導かれるとする。ここで重要なのは，(7)，(8) の語彙概念構造の表示に於いては，x が「動作主」にも「原因」にもなれるということである。すなわち，x が意志を持って或る行為を行ったかどうかについては指定がついていない。従って，次のように「動作主」のみを主語にとることを指定されている語彙概念構造とは区別されなければならない。

(9) [[x ACT] CAUSE [BECOME [y STATE]]]

(9) では，x が意志を持ってある行為を行ったことを表示していると考えられ，「動作主」は ACT の項として生ずる。或る動詞について使役交替が起こるか起こらないかについて予測するためには，意味の違いを語彙概念構造という表示の中に組み込むべきである。しかしながら，Rappaport Hovav and Levin（1998）や Sadler and Spencer（1998）では，Jackendoff や影山とは異なり，使役交替をする動詞に対して (9) のような表示を与えている。実際，(2a) で見たように，使役交替をする動詞が「動作主」を主語に取ることも許される。従って，表示により使役交替について予測するためには，次のいずれかの方法をとらなければならないと考える。一つは，使役交替をする動詞に (1) のような語彙概念構造を与え，CAUSE が項として「動作主」，あるいは，「原因」を取るとし，その場合に使役交替が許されると考えることである。もう一つの考え方は，使役交替をする動詞が (1) と (9) の概念構造を持ち，(1) に基づいて使役交替が予測できると考えることである。いずれの場合も，意志を持たない外的な「原因」が表示により示され，使役交替を予測することができる。

3. 述語・項構造

項構造は項の数と項の階層関係を表し，意味役割を引き合いに出すことはない。また，項構造は，語彙概念構造と統語構造の中間に位置する。このような第三の表示が必要であるという主張は，意味役割が関与しな

い語彙規則によって大きな一般化が得られるという現象により裏付けられる。

例として受動形容詞の派生を見ることにする。かつては多くの論文で,「主題 (theme)」という意味役割が動詞から形容詞を派生する語彙規則で役割を果たしていると主張されていた。これに対して, Dryer(1985)は,受動形容詞形成には意味役割が関与しないと主張した。この Dryer の主張は正しいと考える。以下, Dryer の議論を簡単に振り返ってみる。

ここで議論されるのは (10) のような受動形容詞と (11) のような受動の意味を表す -able 形容詞である。

(10) a. John seems very annoyed.
　　　b. Antarctica is uninhabited.
(11) a. This vase is breakable.
　　　b. This book is unreadable.

受動形容詞は,過去分詞形をとることで受動動詞と似ているが,形容詞としての資格は確立している。このことは接頭辞 un- を含んでいることからも裏付けられる。

Anderson (1977) は,次の (12a), (13a) が可能なのは,その主語が「主題」であり, (12b), (13b) が不可能なのは,その主語が「着点 (goal)」であるからであると提案した。Anderson の提案は, Wasow (1980), Horn (1981), Williams (1981), Bresnan (1982) により受け入れられた。

(12) a. That story isn't tellable.
　　　b. *John isn't tellable.
(13) a. The letter was unsent.
　　　b. *Sue was unsent the letter.

上記の研究者により提案された解決案は,次の仮説である。

(14) Theme Hypothesis (TH)
　　　The subject of an adjectival passive or *able*-adjective must be the theme

of the verb from which the subject is formed.

しかしながら，TH は，目的語に「場所 (location)」をもつ (15) の動詞から派生された (16) の形容詞を説明できない。

(15) a. Penguins（theme）inhabit Antarctica（location）.
　　 b. Tenants（theme）occupy the upper storey of his house（location）.
(16) a. Antarctica is uninhabited.
　　 b. The upper storey of his house is unoccupied.

(16) では，派生された形容詞の主語が「場所」であり，このような例は，TH では存在しないと予測してしまう。
同様な議論が，目的語が goal の動詞について可能である。

(17) a. The tourists（theme）approached the policeman（goal）.
　　 b. We（theme）attained our goals（goal）.
　　 c. We（source, agent）informed Bill（goal）that Mary had left（theme）.
(18) a. The policeman was unapproachable.
　　 b. Our goals are attainable.
　　 c. Tom was uninformed.

(18) では派生された形容詞の主語が「着点」であり，TH は (18) の例も可能でないと予測してしまう。
Bresnan (1982) は，上記の TH に加えて，次の主張をした。

(19) Subject Theme Hypothesis　（STH）
　　 An adjectival passive can be formed from an intransitive verb that takes a theme subject.

STH は，自動詞から受動形容詞を派生する際に意味役割が関与することを述べたものである。すなわち，「主題」を主語に取る自動詞から受動形容詞が派生されると主張している。しかしながら，他動詞から新

規に作られた受動形容詞は周辺的であるが容認可能であるのに対し，自動詞から新規に作られたものは，たとえ「主題」を主語にとっていても完全に容認不可能である。

(20) The dollar bill that I dropped on the sidewalk last night was still there this morning, ?unstolen/?unremoved/*ungone/*undisappeared.

自動詞・他動詞用法の両方をもつ動詞も，TH と STH の両方に反する証拠を提供する。(21a), (21b) の主題関係が与えられると，STH は (22) が (21b) に対応する読みを持つはずだと誤った予測をし，TH は (21a) に対応する読みがないと誤った予測をしてしまう。

(21) a. John（theme）entered the boat（goal）.
　　 b. The boat（theme）entered.
(22) ?The boat sat outside the harbor, unentered.

同様に，(23a) の場合には，TH は (23b) が容認不可能であると誤った予測をし，STH は (23c) が周辺的に容認可能であると誤った予測をする。

(23) a. John（theme）has not swum the Torres Strait（location）.
　　 b. ?The Torres Strait remains unswum.
　　 c. *John remains unswum.

以上，Dryer に従って，受動形容詞に特定の意味役割が関与していると主張することは誤りであることをみてきた。

ここで受動形容詞の派生について検討する。Oshita (1994) では，受動形容詞は基体の外項を削除して派生されると一般化できると主張している。従って，基体には外項が必要となる。また，派生された形容詞的受動形が指すものは基体の直接内項となることから，基体には直接内項も必要であると主張している。重要な点は，様々な種類の項構造をもつ動詞すべてに，意味役割に関係なく，当てはまる規則を提案しているということである。彼の形容詞的受動形を派生する規則は次の通りである。

(24) Adjectival Passive Formation on a Past Participle with the -en Suffix
    i: R-bind P-3 argument.（shown as "R=argument"）[obligatory]
    ii: Delete P-1 argument.（shown as "argument=Ø"）[obligatory only if there is a P-1 argument]
(25) Argument Structure Template:（P-1（P-2（P-3)))

　Oshita は (25) のように項の階層関係を表す項構造を採用しており，(24) で P-1 項と指定されている項が外項を表し，(25) の丸括弧表記の一番外側に表記される。P-3 項と指定されている項が直接内項を表し，丸括弧表記で一番内側に表記される。

　Oshita の規則はかなりの説明力を有している。しかしながら，気になる点がある。(24) の第二条項で外項がある場合には外項を義務的に削除せよと述べている部分である。条件付きの義務性を持ち出している点である。これは，(26) のような非対格動詞が存在するために付けられた条件である。

(26) Unaccusative V:（Ø（Ø（x)))→ Adj: R=x（Ø（Ø（x)))
    a. wilted lettuce
    b. fallen leaves
    c. a collapsed tent
    d. Al's feet are swollen.
    e. The screens are all rusted.

　しかし，非対格動詞のすべてが形容詞的受動形になるわけではないという観察が Pesetsky（1995）で述べられている。

(27) a. elapsed time
    b. departed travelers
    c. newly arrived packages
    d. a newly appeared book
    e. a capsized boat
    f. a fallen leaf

g. collapsed lung
　　　h. blistered paint
　　　i. a failed writer
　　　j. a deceased celebrity
　　　k. a stalled machine
　　　l. well-rested children
　　　m. a risen Christ
　　　n. a stuck window
　　　o. drifted snow
　　　p. a lapsed Catholic
(28) a. *an（already）occurred event
　　　b. *（recently）left travelers
　　　c. *（newly）come packages
　　　d. *（recently）grown interest
　　　e. *a（recently）surfaced problem
　　　f. *（recently）descended balloon
　　　g. *（recently）peeled skin
　　　h. *（often）stunk paint
　　　i. *a（recently）succeeded writer
　　　j. *a（recently）died celebrity
　　　k. *a（frequently）paused machine

　Pesetsky は，非対格動詞で受動形容詞になるものとならないものとの違いが，A-Causer（Ambient Causer）を持つか否かにより説明されると主張する．すなわち，(27) のように形容詞的受動形が認められる elapse, depart などの非対格動詞は A-Causer という外項を持ち，この外項を削除することにより派生が成立すると考えている．この考え方が正しければ，Oshita の規則に条件はいらなくなる．本稿では，この考えを採用し，(24) の規則を付帯条件の不要な (29) の規則へ修正する．

(29) Adjectival Passive Formation on a Past Participle with the -en Suffix
　　　 i: R-bind P-3 argument.（shown as "R=argument"）[obligatory]

ii: Delete P-1 argument.（shown as "argument= Ø"）[obligatory]

今まで見たように，Oshita の提案を修正することにより，受動形容詞の派生を意味役割を引き合いに出すことなくきれいに説明することができる。実際，Oshita（1994）に例が挙げられているように，(29) の規則は動詞の持つすべての項構造の型に適用される。従って，項構造という表示のレベルは言語の仕組みに有用であり，存在意義があると言える[4]。

4. 統語構造

今までの節で，概念構造や項構造が関与する語彙規則をみてきた。これらの語彙規則は，出来事に参加する要素の数を変更する（従って，最終的には項の数の変更に反映する）ものや，項構造に直接作用し，項の数を変更するものであった。しかしながら，項の数という語の特性に直接影響を与えるわけではないが，語彙規則が適用されて語の範疇が変更された結果，統語構造の特性により一定の項や付加詞が現れなくなる現象がある。本稿では，格照合に関わる現象と付加詞の修飾現象を，動詞と派生名詞を用いて見ていくことにする。

動詞の語彙特性は派生名詞に原則的に継承されると考えられる。このことは，次の Grimshaw（1990）の例が示すように，ほとんどの場合，派生名詞が基体の動詞と平行した特性を示すという事実により裏付けら

---

[4] (29) の規則と心理動詞について，一言述べておかなければならないことがある。心理動詞は，通常の動詞と異なり，項構造を持つ語根が関わってくる。心理動詞と受動形容詞，心理動詞と名詞化形がそれぞれ直接的な派生関係にあると考えると，心理動詞は本格的な項を二つ持つ二項述語であり，受動形容詞では基体動詞に外項がなくてはならず，名詞化形では基体動詞に外項があっては困るというパラドックスが生じてしまう。大石（2000）では，この問題を解決するためには，英語では具現されない外項を持つ語根を仮定し，その語根から，動詞，受動形容詞，名詞がそれぞれ派生されるという考えを支持した。

Oshita（1994）では，心理・状態動詞（Psych-Stative）と心理・使役動詞（Psych-Causative）に次のような項構造を仮定しているが，ここでは，リンキングパラドックスが起こっている。
　　(a) Psych-Stative: love, hate, adore, admire, respect, dislike, etc. (x (0 (y)))
　　(b) Psych-Causative: frighten, shock, encourage, discourage, amuse, etc. (y (0 (x)))

れる。

(30) a. The enemy destroyed the city.
　　　b. the enemy's destruction of the city
(31) a. The physicists claimed that the earth is round.
　　　b. the physicists' claim that the earth is round
(32) a. They attempted to leave.
　　　b. their attempt to leave
(33) a. The train arrived at the station.
　　　b. the train's arrival at the station

　しかしながら，動詞から派生名詞へと語彙規則により範疇が変更された結果，動詞の場合に可能であった格照合が名詞ではできないため，動詞のときに取ることができた範疇を名詞では取れなくなるという現象がある。

(34) a. John appears to be guilty.
　　　b.*John's appearance to be guilty
(35) a. John believes Mary to be clever.
　　　b.*John's belief of Mary to be clever

　これは，動詞は構造格を照合出来るのに対して，名詞は内在格しか照合できないという統語構造の特性による。Chomsky (1986) は，次の内在格の条件を提案した。

(36) If α is an inherent Case-marker, then α Case-marks NP if and only if it θ-marks the chain headed by NP.

　(34) の上昇構文では，appear が θ 標示しているのは，John to be guilty という節全体であり，その語彙特性を継承した appearance も同様である。すなわち，派生名詞 appearance が John を含む連鎖を θ 標示することはない。従って，(36) の条件により，内在格を John に与えることは

許されないので，(34b) は不適格になる。このように，統語構造上の制約から，基体動詞が取ることができた不定詞補文が派生名詞では取れなくなる。

次に，(35) の例外的格標示構文においても，believe が θ 標示しているのは，Mary to be clever という節全体であり，その語彙特性を継承した belief も同様である。従って，(36) の条件により，内在格を Mary に与えることは許されないので，(35b) は不適格になる。また，例外的格標示構文は小節構文を思い起こさせるが，同じ理由で派生名詞の補部に小節は生じないことになる。

これに対して，次の例のように，派生名詞が直接 θ 役割を付与している Mary には，内在格が与えられる[5]。

(37) a. John's persuasion of Mary of the importance of going to school
b. John's persuasion of Mary that she should be examined by the doctor
c. John's persuading of Mary of the importance of going to school
d. John's persuading of Mary that she should be examined by the doctor

以上，語彙特性は継承していながら派生名詞で動詞と対応する構文をとれないという違いは，統語構造上の格照合の違いによりもたらされることを見た。

次に，付加詞による修飾が基体動詞と派生名詞とで異なる現象を見る。動詞に -er や -or を付加すると，派生名詞は補部を継承する。

(38) a. a collector of coins
b. a driver of a bus

しかしながら，派生名詞は動作・出来事を表すのではなく，「～をす

---

5) 派生名詞 persuasion の場合は，to 不定詞補文をとることができなくなるという現象がある。
(a) *John's persuasion of Mary to go to school
(b) John's order to Mary to go to school

る人」というように「人」そのものを表すことになる。従って，付加詞が付いた場合，その付加詞は動作・出来事を修飾するのではなく，「人」に対する付加詞となる。次の例では，それぞれ，「手袋をしないでゴミ収集をする人」，「絵筆を使わないで絵を描く人」，「飛行機の中でスキーをする人」を意味するのではなく，「手袋を持っていないゴミ収集人」，「絵筆を持っていない画家」，「飛行機に乗っているスキーヤー」を意味する。

(39) a. the collector of garbage without gloves
  b. a painter without brushes
  c. a skier in an airplane

 次の例は Randall (1988) からのものであるが，いずれの前置詞句も「人」に対する付加詞としては解釈が困難であるため，-er 派生名詞を修飾することは不可能である[6]。

(40) the flyer of the plane（*into the wind/*to Paris/*by computer）

 (39), (40) を次の動詞の例と比較すれば，修飾関係の相違は歴然としている。動詞の例では動作を修飾している。

(41) a. collect garbage without gloves
  b. paint without brushes
  c. ski in an airplane
(42) fly the plane into the wind/to Paris/by computer

 V-er の派生名詞では，補部が派生名詞の動作部分と結びつき（すなわち，継承が起こり），付加詞が派生名詞の「人」という外形部分と結びつく（すなわち，継承が起こらない）ということを見た。
 本節では，格照合の場合も付加詞の修飾関係の場合も，語彙規則により範疇が変更されることに伴い，統語上の制約の変化を自動的に受ける

---

 6) Randall は，独自の継承原理を提案して (40) の容認不可能性を説明している。なお，Randall (1988) に対する反論は，大石 (1996) を参照のこと。

ということを見てきた。

5. まとめ

　本稿では，基体と派生語の統語的な特性を関連づけるためには，語彙規則に関わる三種類の表示がそれぞれ重要な働きをしていることを見てきた。意味役割などの意味情報が条件として働いているのであれば，それは概念構造に基づいて説明すべきである。意味に関わりなく項の数と階層のみが条件として働いているのであれば，項構造に基づいて説明すべきである。そして，語彙特性を直接変更する形で作用するのでなければ，統語構造の仕組みが関わっている可能性が高いと考えられる。このように，概念構造，項構造，統語構造のどのレベルが説明すべき現象であるのかを見極める必要がある。

IX
派生動詞と使役交替

0. はじめに

　本稿では，接尾辞付加により派生された動詞の特徴から検討するという新しい観点から，(1)のように使役交替（causative alternation）[1]で他動詞形と自動詞形のどちらが基底形であるかを決定する。

(1) a. John broke the window.
　　b. The window broke.

　使役交替が可能な動詞は，Levin and Rappaport Hovav (1995) やTsujimura (1999) で論じられているように，二つの意味的条件を満たすものである。一つの条件は，動詞の表す出来事が外的原因 (external cause) により引き起こされるという意味をもち，その外的原因を表すものを主語に取るということである。もう一つの条件は，その外的原因を表す主語に意志を持つ（volitional）「動作主」（AGENT）だけでなく，意志を持たない「原因」（CAUSE）も許す動詞であることである。

　本稿の例文の一部について，新潟大学外国人教師 Jennifer Holt さんと新潟大学客員研究員 Nicholas Henck さんの二人のイギリス人に判断をしていただいた。ここに記して感謝の意を表する。
　1) 正確には，使役起動交替 (Causative/Inchoative Alternation) と呼ぶべきであるが，本稿では簡略化した名称を用いる。

(2) a. Mary broke the window.
　　b. The window broke.
(3) a. John laughed.
　　b. *The teacher laughed John.

　(2) の break は，動詞によって表される変化を受ける目的語の外に，その変化の原因がある。このように外的原因を主語に取る動詞は使役交替を許す。これに対して，(3) の laugh という行為は，主語として現れている有生物の内部から自然に湧き出てくるものであり，内的原因によるものと考えられる。従って，上で述べた条件を満たさないため，使役交替は許されない。
　二番目の条件について見る。

(4) a. The storm broke the window.
　　b. The window broke.
(5) a. My father wrote the story.
　　b. *The story wrote.

　(4) のように使役交替できる動詞は，外的原因として主語に意志を持たない「原因」を取れる。これに対して，(5) の write は，主語が外的原因を表しているが，必ず意志を持つ「動作主」しか取らず，使役交替が許されない。さらに言うと，break でも，主語に「動作主」しか取れないような目的語を選択すると，使役交替が許されなくなる。

(6) a. John broke his promise.
　　b. *The storm broke his promise.
　　c. *His promise broke.

　(6) のように，「約束を破る」という表現に用いた break は主語に「原因」をとることができず，二番目の条件を満たすことができないため，使役交替が起こらない。
　このように使役交替を許す動詞であるか否かを決める条件はかなり明

らかになってきているが，(1a) の他動詞形から (1b) の自動詞形が派生されるのか，あるいはその逆であるのかということに関しては異なる論がある。本稿では，使役交替を起こす動詞を派生する接辞付加を検討することにより，英語の使役交替は，他動詞形が基本形であり，自動詞形が派生形であると論ずる。

1. 先行研究に見られる使役交替の方向

　使役交替が他動詞を基にしているか自動詞を基にしているかについては，異なる主張がある。ここでは，いくつかの代表的な議論を挙げることにする。Levin and Rappaport Hovav（1995）は，使役交替をする動詞は内在的に二項動詞であり，他動詞形の方が基本的であると論じている。その根拠の一つは，使役交替を起こす動詞において，次の (7)-(10) に見られるように，他動詞の目的語の方が自動詞の主語より広い選択範囲をもつということである。すなわち，制限の少ない方が基本的であると考えられるので，他動詞形が基本となると主張している。

(7) a. John broke the vase/the window/the bowl/the radio/the toaster.
　　　b. The vase/The window/The bowl/The radio/The toaster broke.
(8) a. He broke his promise/ the contract/the world record.
　　　b. *His promise/ The contract/The world record broke.
(9) a. John opened the door/the window.
　　　b. The door/The window opened.
(10) a. This book will open your mind.
　　　b.*Your mind will open from this book.

　Levin and Rappaport Hovav(1995) が挙げるもう一つの根拠は，自動詞形が原因項をどこかのレベルで有していることを示す例が存在することである。

(11) a. The plate broke by itself.

b. The door opened by itself.

(11) の by itself は，「外からの助けを借りないで（without outside help）」という意味で，外的原因の項を抑制していることを示している。

影山 (1996; 2000) も，英語で広範に見られる能格動詞 (break, open など) の使役交替に関して，使役他動詞の語彙概念構造 (Lexical Conceptual Structure) を基本として，自動詞用法は反使役化 (Anti-causativisation) という操作により派生されると論じている。反使役化というのは，語彙概念構造において使役者を被使役者と同一であると見なす操作として定式化されている。

(12) [x CAUSE [y BECOME [y BE AT-z]]]
→ [x=y [y BECOME [y BE AT-z]]]

自動詞形が使役交替の基本であるという逆の主張もある。Pesetsky (1995) は，目的語経験者動詞 (Object Experiencer Verb) の特異性を説明するために提案したゼロ形態素 CAUS が，使役交替を起こす語根に付加されて派生されると主張している。すなわち，他動詞形の方が形態素を余計に持つ派生形であると実質的に主張している。そこでは，次のように自動詞形と他動詞形が考えられている (ただし，他動詞形の派生は明示されているが，自動詞形の派生は筆者の推測による)。

(13) a. 自動詞形：√ grow → grow
b. 他動詞形：√ grow + CAUS → grow

このように仮定するのは，使役交替を起こす動詞が名詞化されたとき，使役の意味 (他動詞の意味) を首尾一貫して欠くという現象が見られ，この現象が，CAUS というゼロ接辞を仮定することにより，「ゼロ接辞付加により派生された語は，さらに派生形態素を付加することを許さない。」という Myers (1984) の一般化を使って説明できるからである。Pesetsky (1995) は，次のような例を挙げている。

(14) a. Tomatoes grow.
　　　b. Bill grows tomatoes.
　　　c. the growth of tomatoes
　　　d. *Bill's growth of tomatoes
(15) a. The string vibrated.
　　　b. The bow vibrated the string.
　　　c. the vibration of the string
　　　d. *the bow's vibration of the string

　しかしながら，Pesetsky の提案に問題がないわけではない。使役交替を起こす動詞が名詞化された場合，動作主性が示されると他動詞形が出てくることを説明しなければならない。次の (16d) が示すように，他動詞形の名詞化が可能である。

(16) a. The huge rock moved.
　　　b. They moved the huge rock.
　　　c. the movement of the huge rock
　　　d. their movement of the huge rock to construct a road

　Pesetsky（1995）のもう一つの問題点は，(13a) の自動詞形の派生である。他動詞形は，(13b) のように，目に見えない接辞 CAUS を付加することにより派生されるために Myers の一般化により名詞化形を持てないとされている。そうであるならば，自動詞形は語根に何も付けずに派生されていると考えられる。しかしながら，目的語経験者動詞では，語根がそのままの形では生じないと仮定されている。従って，語根の性質をもう少し厳密に特徴付けなければならないという課題が残っている。
　Pesetsky（1995）の他にも，自動詞形が使役交替の基本であると主張するものがある。丸田（1998）は，Talmy（1985）に従い，語彙的使役動詞の表す使役が二つあるとして区別した。同延的使役動詞とオンセット使役動詞である。同延的使役動詞は，使役主の完全な責任による結果出来事の惹起を表し，変化側が主管する独立した下位出来事が含まれて

いないと仮定する。従って，使役交替が起こらないことになる。次が同延的使役動詞の例である。

(17) a. He built a new house.
　　 b. *A new house built.

これに対して，オンセット使役動詞では，結果出来事に自立性・独立性が備わっており，使役主はその活性化に責任を持つだけであると述べられている。使役交替は，このオンセット使役動詞において可能であり，自立タイプの自動詞的出来事を表す始発の語彙概念構造（Initial Lexical Conceptual Structure）に，始発出来事を表す意味構造の随意的付加から得られる二つの語彙概念構造により説明されると述べられている。動詞 break の始発の語彙概念構造，自動詞用法の語彙概念構造，他動詞用法の語彙概念構造は，次のように仮定されている。

(18) break の始発の語彙概念構造
　　 [y DEVELOP-SEPARATION] CAUSE [BECOME [y *IN-PIECES*]]
(19) 自動詞 break の語彙概念構造
　　 [y DEVELOP-SEPARATION] CAUSE [BECOME [y *IN-PIECES*]]
(20) 他動詞 break の語彙概念構造
　　 [[x ACT ON y] INITIATE [y DEVELOP-SEPARATION]] CAUSE [BECOME [y *IN-PIECES*]]

　(18) – (20) の語彙概念構造から分かるように，自動詞形が始発の概念構造と同じ概念構造をもち，自動詞形の方が基本的と考えられている。
　以上のように，使役交替を起こす動詞の自動詞形と他動詞形のいずれを基本形と見なすかについて意見の相違がある。次節からは，使役交替を起こす動詞の派生という観点から基本形を検討する。

2. 使役交替を起こす動詞の接辞付加による派生

　本節では，使役交替を起こす動詞を派生する接尾辞として，-ize, -ify, -en の三つの動詞形成接辞付加を検討する。
　接尾辞 -ize は，Quirk et al.（1985）も述べているように，形容詞または名詞に付加される。この接辞付加に関しては，Keyser and Roeper（1984）で論じられている。そこでは，(21) のような動詞が挙げられており，それらはすべて適切な状況で使役交替 (彼らの用語では能格交替) すると述べられている。

(21) alkalinize, alkalize, Americanize, anatomize, automatize, channelize, demagnetize, demilitarize, demobilize, equalize, federalize, generalize, harmonize, hybridize, liberalize, localize, magnetize, materialize, mechanize, militarize, mobilize, neutralize, nomalize, organize, oxidize, polarize, pressurize, regularize, reorganize, revitalize, stabilize, standardize, synchronize, urbanize

(22) a. We generalized the solution.
　　　b. The solution generalized.
　　　c. We centralized the department.
　　　d. The department centralized.
　　　e. We demagnetized the recording head.
　　　f. The recording head demagnetized.
　　　g. The Republicans want to Reaganize the country.
　　　h. The country refuses to Reaganize.

　しかしながら，Keyser and Roeper（1984）は，すべての動詞が使役交替の自動詞形をもつわけではないと論じ，次のような例を挙げている。

(23) a. We penalized John.
　　　b. *John penalized.

c. We terrorized the community.
　　　d. *The community terrorized.

　(23) の例はいずれも，他動詞形で主語に動作主以外のものを認めない動詞を含んでいる。すなわち，いずれの動詞も人間の営みを表しているのである。従って，使役交替の意味条件を満たさず自動詞形が存在しないことになる。同様に自動詞形を持たない動詞として，次のものが挙げられている。

(24) authorize, capitalize, characterize, dramatize, demoralize,
　　　sympathize, utilize, visualize

　このことから，Keyser and Roeper は，使役交替では他動詞形を基本として自動詞形が能格規則により派生されると考えている。
　Marchand (1960) も，-ize 付加により派生された動詞では，自動詞のグループの方が他動詞のグループに比べて遙かに小さいと述べている。
　次に，接尾辞 -ify を見てみる。Marchand (1960) は，この接尾辞がラテン語の ificare に遡り，facere (='make') と同じ語根から来ていると述べている。すなわち，語源的には使役形を作る接辞として生まれたものである。それでは，現代英語ではどうであろうか。Quirk et al. (1985) では，この接辞は，形容詞または名詞に付加され動詞を派生するとだけ述べられており，他動詞・自動詞の区別については触れられていない。
　接尾辞 -ify 付加により派生された動詞が使役交替を起こすことは，次の例から分かる。

(25) a. The autumn rain intensified the odor of fallen leaves.
　　　b. The odor of fallen leaves intensified.
(26) a. The hot weather acidified many bottles of good wine.
　　　b. Many bottles of good wine acidified.
(27) a. The atmosphere of the party jollified the guests.

b. That is why the guests jollify.
(28) a. Ultra-sonic audio waves can jellify bone in seconds.
　　b. These starch products are polysaccharides that jellify when exposed to heat.

　ここで，小西他(編)(1999)の辞書に記載されているすべての -ify 形動詞を検討してみると，数の上では，他動詞用法のみをもつ動詞が圧倒的多数で，次に使役交替を起こす動詞が来る。自動詞用法のみをもつものは次の二つだけであった。

(29) speechify　　「演説する，熱弁を振るう，(偉そうに)一席ぶつ
　　　　　　　　　……」
　　 preachify　　「押しつけがましく [くどくどと] 説教する……」

　しかしながら，上記の動詞は使役交替に関わる動詞ではない。使役交替に関与する自動詞の主語は，対応する他動詞の目的語と同じ意味役割を有し，状態変化を受けるものである。(29) の自動詞は，その意味から分かるように，主語が人間であり，動作主という意味役割を担っている。また，意味的にも，-ify 形動詞が一般に有する使役の意味とは異なっている。Marchand (1960) では，speechify が 1723 年に，preachify が 1775 年に，'make look like, give the（undesirable）appearance of...' という滑稽な意味合いをもって作られたと述べられている。従って，この二つの自動詞は別にして考えてよいと思われる。
　以上のように見てくると，-ize 形動詞と同じく，-ify 形動詞も，(29) の例を除けば，-ify 派生形の一部が使役交替を起こしていると結論づけることが出来る。
　最後に接尾辞 -en を検討してみよう。この接辞は形容詞に付加され，これにより派生された動詞は，使役交替を起こす。Marchand (1960) は，-en 付加により派生された動詞は，他の形容詞由来動詞と同様，状態変化を表すと述べ，darken を例に挙げ，他動詞使役用法で「暗くする（make dark）」を表すこともでき，自動詞用法で「暗くなる（become dark）」を表すこともできると述べている。Quirk et al. (1985) も，-en 付加に

より派生された動詞が使役用法と共に多くが自動詞として用いられると述べ，次の例を挙げている。

(30) a. The news saddened him.
　　 b. His face saddened.

また，Levin and Rappaport Hovav（1995）も，英語の形容詞は状態を表すものであり，従って，使役交替を起こす，また状態変化の動詞の多くは形容詞から派生されていると論じている。
　ここで，小西他（編）(1999) の辞書に記載されているすべての -en 形動詞を検討してみると，他動詞用法のみをもつものは，(31) の四つの動詞であり，自動詞用法のみをもつものは，(32) の二つの動詞であった[2]。

(31) chasten, neaten, safen, straiten
(32) pinken, limpen

　先行研究が論じているように，ほとんどの -en 形動詞が使役交替を起こすということが確かめられた。上記 (31), (32) の動詞の使役交替については，インフォーマントは次のように判断した。

(33) a. John neatened his desk.
　　 b. *His desk neatened.
　　 c. ?They safened the poisonous substance.
　　 d. *The poisonous substance safened.
(34) a. ?The warm weather pinkened the peaches.
　　 b. The peaches pinkened.
　　 c. ???The hard work limpened his body.[3]

---
　2) 接尾辞 -en 付加が可能な形容詞は，単音節で一つの阻害音（obstruent）で終わっていなければならないという音韻出力条件を満たさなければならないため，派生される動詞の数は，本稿で取り上げた他の動詞形成接辞による派生動詞より少なくなる。
　3) この limpen を含む二つの例文については，非常に奇妙（very strange）であるとい

    d. ???His body limpened after the hard work.

　(33)の他動詞用法のみが辞書に記載されている動詞は，その意味から，他動詞の主語に動作主を要求している。従って，使役交替を起こした自動詞用法の方が容認不可能となっている。これに対して，辞書に自動詞用法のみが記載されていた動詞は，(34)のように，他動詞用法の方も全く容認不可能ということにはならない。従って，-en 形動詞はほとんどが使役交替を起こすが，その使役交替を起こす動詞は -en 派生形の一部であると結論づけることが出来る。

3. 使役交替の方向

　前節で，接尾辞 -ize, -ify, -en が付加された派生動詞では，使役交替を起こす動詞が派生動詞の全体集合に対して部分集合を成すということを見てきた。語形成においては，ある場合には他動詞だけを派生し，ある場合には他動詞と自動詞を派生するという操作は許されない。これは，一様性の原理（Uniformity Principle）により，形態的操作が個々の適用において異なる効果をもたらすことが出来ないためである。Chomsky（1981）は，次のように一様性の原理を述べている[4]。

(35) Uniformity Principle
　　 Each morphological process either
　　　　(ⅰ) transmits θ-role uniformly,

う判断を受けた。二人のインフォーマント共に，limpen という語が存在することを知らないことから，例文の低い容認可能性が出てきていると思われる。
　4)　Randall（1988）は，Chomsky の原則を修正して，次の一様性の原理を提案している。
　　 Each morphological process either
　　　a. (ⅰ) transmits θ-role uniformly,
　　　　 (ⅱ) blocks θ-role uniformly, or
　　　　 (ⅲ) assigns a new θ-role uniformly
　　　　　　 and
　　　b. (ⅰ) transmits category uniformly or
　　　　 (ⅱ) blocks category uniformly.

(ii) blocks θ-role uniformly, or
(iii) assigns a new θ-role uniformly.

　そうすると，本稿で取り上げた動詞形成接辞は，それぞれ一様に他動詞または自動詞を派生しなければならなくなる。一方で，(1) で見たように，接辞付加を伴わない使役交替と呼ばれる操作が存在する。この使役交替は動詞に適用されるものである。従って，使役交替が動詞派生に先だって行われることはない。もし，本稿の動詞形成接辞が自動詞を派生するのであれば，派生された自動詞に基づいて使役交替が起こることになり，派生動詞の中に他動詞形のみが存在するということはありえない。従って，動詞形成接辞は他動詞を派生し，その他動詞の中で前に述べた意味条件を満たすものが使役交替を起こすと考えられる。このことから，使役交替の出発点となるのは他動詞形の方であると結論づけられる。

4. まとめ

　使役交替の方向性については異なる主張が存在しているが，本稿では，接尾辞 -ize，-ify，-en が付加された派生動詞を説明するためには，他動詞形が使役交替の基本形と仮定すべきであることを論じた。

X
接尾辞 -(i)an, -ite, -ese, -er について

―――――――

0. はじめに

　本稿は，英語において，ある地域・都市の出身者や住民を表す場合にどのような接尾辞を用いるかについての記述的研究である。都市の出身者・住民を表す接尾辞には，次の例に見られるように，-(i)an, -ite, -ese, -er がある。

(1) a. Bostonian, Chicagoan, Washingtonian
　　　b. Brooklynite, Tokyoite, Sydneyite
　　　c. Milanese, Viennese, Pekinese
　　　d. New Yorker, Londoner, Berliner

　Marchand（1969），Quirk et al.(1985) などの先行研究では，それぞれの接尾辞の意味と用例が挙げられているが，接尾辞付加の条件についてはあまり詳しくは述べられていない。このことから，そもそもこれらの接辞付加には条件がほとんど課されないのか，それとも何らかの付加条件が課されるのかという疑問が生じる。本稿では，インターネット上で出身者・住民を表す派生語を検索し，先行研究の記述と照らし合わせながら，それぞれの接尾辞の付加条件を検討・確認することにする。

1. 先行研究の記述と課題

本節では，本稿で取り上げる接尾辞について，Marchand(1969)，Quirk et al.(1985)，OED がどのように記述しているかを検討し，そこから出てくる課題をまとめることにする。

1. 1. Marchand (1969)

Marchand (1969) は，それぞれの接尾辞が地域・都市の出身者・住民を表す場合について，次のような記述を行い，それぞれ用例を挙げている。

(2) -(i)an
　　この接尾辞は，ラテン語で -ia で終わる国名からの派生語に見られる。ME 期にフランス語から英語に入ってきた語があり，この場合は，Persien のように -ien という綴り字をもっていたが，ラテン語風に変えられ Persian になった。現在は，Bostonian, Devonian, Bristolian のようなラテン語風の基体が存在しないものからの派生語がある。このような名前は，「学識がある」という響きをもつ。

(3) -ite
　　元々は，「～出身の人 (man from)）を表す古ギリシャ語の -ites から来ており，19 世紀に Durhamite, Claphamite, Ludlowite, Sydneyite のような語で復活したが，OED ではまれで幾分軽蔑的と記述されている。しかしながら，最近のアメリカ英語では，-ite は，Mencken[1] により「不快」と呼ばれたにもかかわらず，流行の接尾辞となっている。例は，Camdenite, Brooklinite, Englewoodite, Raleighite, Seattleite,

---

[1] Marchand (1969) が引用しているのは，Mencken, H. L. *The American Language.* Fourth Edition. New York 1936. Supplement I. New York 1945. Supplement II. New York 1948. である。

1. 先行研究の記述と課題　　　　　　　　　　125

Yonkersite 等である。Mencken は,「実際, この分野で, 他のすべての接尾辞を排撃しているように見える。」と述べている。

（4）-ese
　英語の -ese は, ある場所に属すことを示すイタリア語の -ese から来ている。英語は, Milanese 1484, Genoese 1553, Portuguese 1586, Maltese 1615, Genevese 1650, Tyrolese 1809, Viennese 1839 を借用してきた。これに対して, Japanese 1604, Chinese 1644, Javanese 1704 のような借用語は, 遠くの外国, 主に極東の国の名前からの派生語に道を開いた。例は, Annamese, Burmese, Ceylonese, Faroese, Nepalese, Pekinese, Sudanese, Senegalese, Singalese, Vietnamese である。

（5）-er
　「〜出身の人 (person from)」を表す派生は, 町や市の名前から主に行われるが, 国や地域, 色々な種類の場所を表す名前からも行われる。例は, Londoner, Dubliner, Birminghamer, New Yorker, Vermonter, Berliner, Hamburger, Danziger; Islander, Hollander, New Englander; borderer, cottager, villager, islander, highlander, lowlander, swamper（アメリカ英語）, norther（アメリカ英語）, backwoodser などがある。

1.2. Quirk et al. (1985)

Quirk et al. (1985) が行っているそれぞれの接尾辞についての記述を, 用例と共にまとめると次のようになる。

（6）-(i)an
　意味の一つに「〜の市民 (citizen of)」があると記述し, 次の例を挙げているが, 接辞付加条件については述べていない。例には, Parisian, Indonesian, Chicagoan, Glaswegian (of Glasgow) を挙げている。

(7) -ite

意味の一つに「〜の住民 (denizen of)」があると記述し，Brooklynite, Hampsteadite を例として挙げている。注釈として，Israelite のように長く確立していない限り，さげすんだ言い方として用いられる傾向があると述べている。

(8) -ese

意味の一つに「(国籍や民族)の構成員 (member of (nationality or race))」があると記述し，例として Chinese, Portuguese, Japanese を挙げている。

(9) -er

意味の一つに「〜の住民 (denizen of)」があると記述し，この意味の例としては，villager, Londoner を挙げている。

1. 3. OED (1999)

OED (1999) における，それぞれの接尾辞の本稿に関連する部分の記述と用例は以下の通りである。

(10) -ian

ラテン語の接尾辞に由来し，「〜の，または，〜に属す (of or belonging to)」という意味を表す。ラテン語から作られた多くの英語の語から形容詞と名詞を作る。現代の語形成では固有名詞から形容詞・名詞をつくり，その数は無制限である。

例：Aberdonian, Bathonian, Bostonian, Bristolian, Cantabrigian, Cornubian, Devonian, Galwegian, Glasgowegian, Johnian, Oxonian, Parisian, Salopian, Sierra Leonian

(11) -ite

現代語形成において，「ある場所の居住者 (inhabitant of a place)」を意味する。現在あまり見られず，たいてい幾分軽蔑的に用いられる。

例：Sydneyite, Claphamite, Durhamite, Ludlowite

(12) -ese

　英語では，-ese は（主にロマンス話語の原型に習って）国の名前から派生語を作るか，外国の（決してイギリスではない）町の名前から派生語を作る。人を表す名詞用法では，以前は -s で終わる複数形を有していたが，現在では複数形は単数形と同じ形を有する。
　例：Chinese, Portuguese, Japanese; Milanese, Viennese, Pekinese, Cantonese

(13) -er

　古い時代にはほとんど見られない，現代ゲルマン語族に共通の，この接尾辞の特別用法は,場所や国の名前に付加して「～の出身者(native of)，～の居住者（resident in)」という意味を表す。
　例：Londoner, New Yorker, Icelander

1.4. 課題整理

　前節まで先行研究の記述をまとめると，次のようになる。まず，-ian は「学識がある」という風に聞こえ，派生語の数は無制限であるとされている。すなわち，かなり生産性が高いということになる。次に，-ite は OED ではまれで幾分軽蔑的とされているが，アメリカ英語では他の接尾辞を駆逐しているとされており，イギリス英語とアメリカ英語で差があることになる。三番目の -ese について, Quirk et al.（1985）は国名・民族名から派生されるとしているが，これは言葉不足で，OED が示すように町の名前からの派生語もある。しかし，OED は町の名前につく場合は外国の町の名前であり，イギリスの町の名前には付加されないと述べている[2]。これは明示的に述べられている唯一の条件と言ってよい。

---

　2) OED（1999）で検索すると，Londonese とイギリスの都市名に -ese が付加された例が見つかるが，これは「ロンドンに特有の言葉の」という形容詞，または，「ロンドン方言」という名詞で用いられる場合であり，本稿で問題にしている出身者・住民を表す場合とは異

ただし，Bostonese（ボストン出身者，ボストン居住者[3]）等のようにアメリカの町の名前には付加される。最後に，-er については意味の他には特に付加条件が何も述べられていない。

　前述の唯一の明示的付加条件を除けば，意味的なニュアンスに差を生じる以外には特に付加条件が存在しないというのが事実なのであろうか，あるいは，何らかの条件が課されるのであろうか。次節では，それぞれの接尾辞についての付加条件をインターネット上で派生語を検索することにより検討する。

2. インターネット検索によるデータ

　本節では，インターネット上で派生語を検索し，その実態を検証しながら付加条件の有無を考察する。インターネット上の検索方法は，以下の通りである。

①ヤフー・アメリカ（yahoo.com）で検索を行う。
②音韻的な付加条件の有無を検討するため，閉鎖音，摩擦音，破擦音，鼻音，流音，母音でそれぞれ終わる 20 の都市名を選び，検索を行う。接尾辞 -ese による派生語の付加条件も同様に調査を行うため，都市はアメリカ合衆国の中にも存在するものから選ぶ。
③接尾辞によっては，形容詞・名詞の両方に用いられたり，「出身者・住民」の意味以外に用いられたりするので，「出身者・住民」の意味に絞って結果を出すために基本的には「派生語 + who」の形で検索を行う。この検索方法で出た結果数は，生産性の参考にするため表記する。
④派生語の数が少なく③の方法で結果がゼロであった場合は，③以外の検索方法で派生語の有無を調べ，それぞれの接尾辞について派生語がインターネット上に存在するか否かを調査する。

なる。
　3)　OED（1999）の Bostonese の項目で，この語がボストンの出身者・住民を表すことが記載されている。

以下の節では，都市名の語末に来る分節音の種類ごとに，検索調査した結果を一覧表の形で示し，併せて，派生語が存在する場合には，接尾辞一つにつき用例を一つ必ず示すことにする。

2.1. 閉鎖音で終わる都市名とその派生語

本節では，閉鎖音で終わる都市名を取り上げ，それぞれの接尾辞付加の可能性について調査したものを表と用例で示していくことにする。

表1　都市名 Gallup

検索条件	検索結果	派生語	有無
Gallupian-who	0	Gallupian	あり
Gallupians-who	1	Gallupite	あり
Gallupite-who	0	Gallupese	なし
Gallupites-who	0		言語の意味なら可
Gallupese-who	0	Galluper	なし
Galluper-who	0		
Gallupers-who	0		

(14) For **Gallupians** who don't...

(www.gallupindependent.com/5-22-02.html)

(15) Of course, **Gallupites** are skeptical at first that killer bats are among them.

(seattlepi.nwsource.com/movies/batsq.shtml)

(16) I admit I haven't conducted a study of 1,350 people, as the **Gallupers** did.

(www.phoenixresume.com/Job%20Search%20Perch/OnlineNegs2.htm)

表 2 都市名 Detroit

検索条件	検索結果	派生語	有無
Detroltian-who	0	Detroitian	あり
Detroitians-who	0	Detroitite	あり
Detroitite-who	0	Detroitese	あり
Detroitites-who	0	Detroiter	あり
Detroitese-who	0		
Detroiter-who	431		
Detroiters-who	477		

(17) The French didn't notice it. The **Detroitians** did.

(www.billyfro.com/archives/2003_12.php)

(18) With their hang-dog vocals and spare approach, these two native **Detroitites** were raised on a steady diet of Motown, House and Punk.

(www.universalbuzz.com/catalogresults.asp?fullshow=yes&Artist Number=187)

(19) He even is complicit in burning down a building - that ancient and hallowed tradition among the **Detroitese** - though he does it half-heartedly: The house has no people in it.

(www.uneauempire.com/stories/120502/thi_feracolmn.shtml)

(20) I'm another **Detroiter** who is thrilled about the opening of City Knits in the cultural center!

(knitting.meetup.com/members/112)

2. インターネット検索によるデータ　　　　　131

表3　都市名 Cleveland

検索条件	検索結果	派生語	有無
Clevelandian-who	0	Clevelandian	あり
Clevelandians-who	0	Clevelandite	あり
Clevelandite-who	1	Clevelandese	なし
Clevelandites-who	0		言語の意味なら可
Clevelandese-who	0	Clevelander	あり
Clevelander-who	177		
Clevelanders-who	218		

(21) **CleveLandians** do not drink any sustaining stimulant fluids, but must instead inhale ERIEvapors, as we saw no evidence of cappuccino, espresso, latte or mocha.
(www. luminguild.com/cleveland.htm)

(22) ...one of the faculty there, a **Clevelandite** who had finished his master's under Mies here in Chicago...
(www.artic.edu/aic/collections/dept_architecture/danforth.pdf)

(23) Bently, a native **Clevelander** who now lives in Nevada, is a globally recognized authority on rotor dynamics and vibration monitoring and diagnostics.
(www.csuohio.edu/news/releases/nr2003/nr2003-ll/prl3248.html)

表4　都市名 NewYork

検索条件	検索結果	派生語	有無
New-Yorkian-who	2	NewYorkian	あり
New-Yorkians-who	1	NewYorkite	あり
New-Yorkite-who	0	NewYorkese	なし
New-Yorkites-who	0		言語の意味なら可
New-Yorkese-who	0	NewYorker	あり
New-Yorker-who	14,100		
New-Yorkers-who	16,800		

(24) ... a fellow **New Yorkian** who was in bands such as Burn and Die 116.

(www.nowontour.com/reviews/record/00267.php)

(25) In Kennedy's case, **New Yorkers** ignored such gaffes as being addressed as, "Fellow New Yorkites."

(www.dodgeglobe.com/stories/071399/opi_analysis.shtml)

(26) **New Yorkers** who were directly exposed to the Sept.11 terrorist attacks...

(www.nyam.org/news/2003/012403.shtml)

表5　都市名 Pittsburgh

検索条件	検索結果	派生語	有無
Pittsburghian-who	1	Pittsburghian	あり
Pittsburghians-who	1	Pittsburghite	あり
Pittsburghite-who	0	Pittsburghese	なし
Pittsburghites-who	0		言語の意味なら可
Pittsburghese-who	0	Pittsburgher	あり
Pittsburgher-who	168		
Pittsburghers-who	250		

(27) ... an ambitious, 18-year-old **Pittsburghian** who works as a welder...

(www.dvdivas.net/movies/reviews/f/flashdance.html)

(28) When I lived in Portland, I met a non-trivial number of **Pittsburghites**, and they left the city even though Portland was tech-hell for the job market for programmers.

(www.gnxp.com/MT2/archives/001665.html)

(29) I was glad to hear from Jim Sweet, a native **Pittsburgher**, who reports that he retired seven years ago from the Texas Medical Center in Houston,...

(www.lafayetteexperience.com/alumni/class_notes/1956.html)

2.2.　摩擦音で終わる都市名とその派生語

本節では，摩擦音で終わる都市名を取り上げる．

2. インターネット検索によるデータ   133

表 6　都市名 St. Joseph

検索条件	検索結果	派生語	有無
St.-Josephian-who	0	St.Josephian	あり
St.-Josephians-who	0	St.Josephite	あり
St.-Josephite-who	0	St.Josephese	なし
St.-Josephites-who	0	St.Josepher	なし
St.-Josephese-who	0		
St.-Josepher-who	0		
St.-Josephers-who	0		

(30) This homepage has been dedicated to showcase information and scenes of the school to the public and fellow **St. Josephians**.

　　　　　　　　　(www.schools.sains.com.my/stjoemiri/main.html)

(31) **St. Josephites** are deservedly proud of their public schools and the regional Heartland Health System.

　　　　　　　　　(travel.lycos.com/destinations/location.asp?pid=243811)

表 7　都市名 Pacific Grove

検索条件	検索結果	派生語	有無
Pacific-Grovian-who	0	Pacific Grovian	あり
Pacific-Grovians-who	0	Pacific Grovite	なし
Pacific-Grovite-who	0	Pacific Grovese	なし
Pacific-Grovites-who	0	Pacific Grover	あり
Pacific-Grovese-who	0		
Pacific-Grover-who	0		
Pacific-Grovers-who	0		

(32) Consequently, **Pacific Grovians** have to drive outside of the city limits...

　　　　　　　(www.communiweb.net/~kysa/htm/13l_wife_whores_it.htm)

(33) When, in the late 1980s, owners of the Monarchs' winter acreage announced plans to develop the property commercially, **Pacific**

Grovers were aghast.

(www.correctionhistory.org/html/chronicl/kbd/kbd_16.html)

表8 都市名 Portsmouth

検索条件	検索結果	派生語	有無
Portdmouthian-who	0	Portsmouthian	あり
Portdmouthians-who	0	Portsmouthite	あり
Portsmouthite-who	1	Portsmouthese	なし
Portsmouthites-who	0	Portsmouther	あり
Portsmouthese-who	0		
Portsmouther-who	0		
Portsmouthers-who	0		

(34) Crawford will be in evidence throughout the year, as Price reminds **Portsmouthians** of the many significant happenings here during two and a half centuries of...

(www.portsmouth.va.us/news/leaderlink/2002/leaderlinkjan02.htm)

(35) Readers note that Mike is a transplanted **Portsmouthite** who now organizes...

(www.seacoastnh.com/mail/mail0899.html)

(36) If you can tell time and have an e-mail address (or not), you are a **Portsmouther.** Come on out and join the fun!

(www.arizonayachtclub.org/Racing/Portsmouth/index.shtml)

表 9　都市名 Dallas

検索条件	検索結果	派生語	有無
Dallasian-who	0	Dallasian	あり
Dallasians-who	0	Dallasite	あり
Dallasite-who	90	Dallases	なし
Dallasites-who	66	Dallaser	あり
Dallasese-who	0		
Dallaser-who	0		
Dallasers-who	0		

(37) The Spree is a cult-like collective of **Dallasians** that wears white robes and jumps around a lot as they sing about peace and love.

(lauriapple.diaryland.com/fun.html)

(38) **Dallasites** who are having trouble finding home insurance can learn all about Texas new residential property...

(www.tdi.state.tx.us/commish/news96.html)

(39) The **Dallasers** are rather more true to life, over dramatic certainly, but almost human and believable. They're also...

(www.ultimatedallas.com/bigd/)

表 10　都市名 New Orleans

検索条件	検索結果	派生語	有無
New-Orleanian-who	157	NewOrleanian	あり
New-Orleanians-who	207	NewOrleanite	あり
New-Orleanite-who	0	NewOrleanese	なし
New-Orleanites-who	0		言語の意味なら可
New-Orleanese-who	0		
New-Orleaner-who	0		
New-Orbaners-who	1		

(40) "The new economy in New Orleans will be driven by a new group of **New Orleanians** who are really focused on the technology industry," he says.

(www.fastcompany.com/articles/1999/12/williamson.html)
(41) If nothing else, this much is true: **New Orleanites** are crazy. Fun...
(www.matos.cc/random_thoughts/C587767667/E1816132262/)
(42) ...though I'm told there's a faction of native **New Orleaners** who make a point of leaving town every year long...
(mardigras.coccozella.com/)

表 11　都市名 Oshkosh,

検索条件	検索結果
Oshkoshian-who	0
Oshkoshians-who	0
Oshkoshite-who	0
Oshkoshites-who	0
Oshkoshese-who	0
Oshkosher-who	0
Oshkoshers-who	0

派生語	有無
Oshkoshian	あり
Oshkoshite	なし
Oshkoshese	なし
Oshkosher	あり

(43) Oshkoshians spent their free time playing cards, drinking or dancing.
(www.wisinfo.com/northwestern/news/osh150/sesq_9257847.shtml)
(44) ... and had we been allowed to vote we Oshkoshers would have...
(www.uwosh.edu/cambridge/journals/merchant.htm)

2.3. 破擦音で終わる都市名とその派生語

本節では，破擦音で終わる都市名を取り上げる。

2. インターネット検索によるデータ　　　　　137

表12　都市名 Long Beach

検索条件	検索結果	派生語	有無
Long-Beachian-who	0	LongBeachian	あり
Long-Beachians-who	0	LongBeachite	あり
Long-Beachite-who	0	LongBeachese	なし
Long-Beachites-who	0	LongBeacher	あり
Long-Beachese-who	0		
Long-Beacher-who	1		
Long-Beachers-who	1		

(45) My first year in college found me carpooling with my fellow **Long Beachian**...

　　　　(www.khmer.ee/members/homepage.html?member=DemRaw)

(46) Early monied **Long Beachites** built some nice homes along Ocean.

　　　　(www.viamagazine.com/top_stories/articles/longbeach98.asp)

(47) The Prime Spot DOT com eNewsletter is written (and contributed to) by local **Long Beachers** who appreciate a create environment....

　　　　(groups.yahoo.com/group/theprimespot/message/1347)

表13　都市名 Cambridge

検索条件	検索結果	派生語	有無
Cambridgian-who	0	Cambridgian	あり
Cambridgians-who	0	Cambridgite	あり
Cambridgite-who	0	Cambridgese	なし
Cambridgites-who	0	Cambridger	あり
Cambeidgese-who	0		
Cambridger-who	0		
Cambridgers-who	0		

(48) She is a native **Cambridgian**, which is always a good thing when you are trying to connect with city kids.

　　　　(www.amnh.org/leam/biodiversity_counts/prof_dev/guilocspe.htm)

(49) Now I don't know the content of the question your pony tailed

Cambridgite asked McCain,...

(centristcoalition.com/cgi-bin/mt-comments.cgi?entry_id=442)

(50) Consider that **Cambridgers** would probably be obtaining the local instruments and overlaying their own musical themes atop them.

(mail.worldforge.org/pipermail/world.mbox/world.mbox)

2.4. 鼻音・流音で終わる都市名とその派生語

本節では，鼻音・流音で終わる都市名を取り上げ，それぞれの接尾辞付加の可能性について表と用例で示していくことにする．

表14　都市名 Salem[4]

検索条件	検索結果	派生語	有無
Salemian-who	0	Salemian	あり
Salemians-who	0	Salemite	あり
Salemite-who	8	Salemese	あり
Salemites-Who	31	Salemer	あり
Salemese-who	0		
Salemer-who	0		
Salemers-who	0		

(51) How 'bout you Bostonians (or Salemers, Salemites, **Salemians**?)

(staff.connect.cbm.au/lheather/318ti/1998-03/msg00717.html)

(52) They look just like a **Salemite** who's had his brains knocked out.

(www.legendmc.com/Pages/MarbleheadNet/MM/Headers/Headers4.html)

(53) As part of the worshipping of San Francesco, the **Salemese** of Toronto construct an elaborate wire-framed altar topped by a cupola that houses a wooden statue of San Francesco.

(www.fondazione-agnelli.it/altreitalie/aita24/saggio5.htm)

(54) As they strung up their neighbors, **Salemers** thought they were doing God's will too.

---

4) Salemian は，(51) の用例に見られるように，可能な派生語であるかどうか疑問の対象となっているが，これも可能な語の範囲に入っていると考える．

2. インターネット検索によるデータ　　　　　139

(www.fmsfonline.org/frasf96.201.html?Satan's+Silence)

表 15　都市名 Boston

検索条件	検索結果	派生語	有無
Bostonian-who	1,040	Bostonian	あり
Bostonians-who	827	Bostonite	あり
Bostonite-who	2	Bostonese	あり
Bostonites-who	5	Bostoner	あり
Bostonese-who	1		
Bostoner-who	6		
Bostoners-who	1		

(55) Havurah on the Hill is a group of young Jewish **Bostonians** who gather at the Vilna Shul for classes, Jewish programs and learning services in an effort to bring...

(www.vilnashul.com/news_release_page.htm)

(56) I am a true **Bostonite** who now lives in Manhattan Beach, CA.

(www.boston.com/news/packages/underattack/message_boards/patriotism/messages18.shtml)

(57) This was a kind of wooden purpose-built building on one of the piers in Boston Harbour, rather like a massive English pub, swarming with **Bostonese** who were apparently celebrating Mothers' Day.

(www.pettarchiv.org.uk/arch-rc-usa-week1.htm)

(58) I recommend this restaurant to all, especially **Bostoners** who have missed the dark lobster sauce.

(www.tabletips.com/cms_K-N.html)

140　　　　Ⅹ　接尾辞 -(i)an, -ite, -ese, -er について

表 16　都市名 Jacksonville

検索条件	検索結果	派生語	有無
Jacksonvillian-who	2	Jacksonvillian	あり
Jacksonvillians-who	2	Jacksonvillite	なし
Jacksonvillite-who	0	Jacksonvillese	なし
Jacksonvillites-who	0	Jacksonviller	あり
Jacksonvillese-who	0		
Jacksomailer-who	0		
Jacksonvillers-who	0		

(59) The Toyota Gator Bowl has certainly been and will continue to be that, thanks to the thousands of **Jacksonvillians** who have stepped forward to lead the effort.

(www.gatorbowl.com/tgb/sponsors/faq.asp)

(60) Jen has convinced some of the other **Jacksonvillers** that my alter-ego is one "Mistress Cyberotica" and that I run a pay porn site.

(www.girlvinyl.com/index_archive/january_2002.htm)

表 17　都市名 Baltimore[5]

検索条件	検索結果	派生語	有無
Baltimorean-who	160	Baltimorean	あり
Baltimoreans-who	204	Baltimorian	あり
Baltimorian-who	3	Baltimorite	あり
Baltimorians-who	5	Baltimorese	あり
Baltimorite-who	0		
Baltimorites-who	0		
Baltimorese-who	0		
Baltimorer-who	0		
Baltimorers-who	0		

(61) Since there will be more affordable housing stock available,

---

　5）　Baltimorese は，(64) の用例に見られるように，可能な派生語であるかどうか疑問の対象となっているが，これも可能な語の範囲に入っていると考える。

2. インターネット検索によるデータ　　　　　　141

Baltimoreans who desperately need affordable housing won't have quite so long to wait for a decent...
(www.citypaper.com/2002-01-09/mail.html)

(62) The Avenue also has become an inspiration to Waters, a local **Baltimorian** who filmed his movie, Pecker, in Hampden.
(www.baltimorestories.com/_h/h_km_hon.html)

(63) I was speaking to **Baltimorites** coming back from the Miami game and they pointed out some points that I really hadn't considered...
(www.twoplustwo.com/digests/otherarchive_nov99_msg.html)

(64) It was the Inner Harbor, where Barnes and Noble soar high over the people, and Baltimoreans (or **Baltimorese**?) enjoyed their summer day...
(americanbaby.blogspot.com/2003_07_13_americanbaby_archive.html)

(65) Howdy, Baltimorers, I'm webmistress of Johnny's World, a site devoted to Baltimore native John "Johnny Eck"Eckhardt.
(www.highlandtown.org/discussion/general/messages/26.html)

2.5. 母音で終わる都市名とその派生語

本節では，母音で終わる都市名を取り上げる。

表18　都市名 Philadelphia

検索条件	検索結果	派生語	有無
Philadelphian-who	928	Philadelphian	あり
Philadelphians-who	4,110	Philadelphite	あり
Philadelphite-who	0	Philadelphese	なし
Philadelphites-who	0		言語の意味なら可
Philadelphese-who	0	Philadelphiarer	なし
Philadelphiarer-who	0	Philadelpher	なし
Philadelnhiarers-who	0		
Philadelpher-who	0		
Philadelphers-who	0		

(66) Philadelphia Magazine is written for **Philadelphians** who want to know more about their city.

(www.amagarea.com/Detail/NS-EWXAPSTAEWXP)

(67) Passing **Philadelphites** continuously asked the crowd what all the fuss was about.

(www.sonicproduct.com/index.cfm?fuseaction=article&articleID=348)

表 19　都市名 Cincinnati[6]

検索条件	検索結果	派生語	有無
Cincinnatian-who	203	Cincinnatian	あり
Cincinnatians-who	1,400	Cincinnatite	なし
Cmcinnatite-who	0	Cincmnatese	なし
Cincinnatites-who	0	Cincinnatier	あり
Cincinnatese-who	0		
Cincinnatier-who	0		
Cincinnatiers-who	0		

(68) For instance, he donated artwork to help the Kelly Clark Foundation, named for a **Cincinnatian** who died of cancer.

(borgman.enquirer.com/anniversary/community.html)

(69) Speaking of M's, up to seven of the nine AL starters could be from Seattle this season, the highest number since Cincinnatians (**Cincinnatiers**? Cincinnatoroons?...)

(www.strikethree.com/01/06/27/michael.shtml)

---

　6)　Cincinnatier は、(69) の用語に見られるように、可能な派生語であるかどうか疑問の対象となっているが、これも周辺的ではあるが可能な語の範囲に入っていると考える。

3. 各接尾辞付加の特徴

表20　都市名 Chicago

検索条件	検索結果	派生語	有無
Chicagoan-who	1,320	Chicagoan	あり
Chicagoans-who	1,390	Chicagoite	あり
Chicagoite-who	3	Chicagoese	なし
Chicagoites-who	3		言語の意味なら可
Chicagoese-who	0	Chicagoer	あり
Chicagoer-who	0		
Chicagoers-who	0		

(70) A look at some **Chicagoans** who recently made aliyah sheds some light on the issue.

(www.juf.org/news_public_affairs/article.asp?key=4746)

(71) I'm a suburban **Chicagoite** who used to go to Bonnie's gigs.

(music.buycheapstuff.us/B0OOOO0ML7.html)

(72) Jenny seemed to have a lot of fun, after with arms outstreched she congratulated us that some clapped hands, so dear Texans, **Chicagoers**, Londoners and Floridans...

(members.cox.net/rilokiley/shows/20030916.html)

3. 各接尾辞付加の特徴

前節での検索結果から，出身地・住民を表す接尾辞付加について次のようにまとめることができる。

⑤　派生語が見つからなかったものが一番多いのは，-ese であり，二番目に多いものは -ite であった。-ite は，Marchand に引用された Mencken の言葉とは異なり，「他の接尾辞を駆逐している」とは言えないようである。-ite が圧倒的に用いられているのは，Dallasite と Salemite の二つであった。

⑥　-(i)an は，調査したすべての都市名に何らかの形で付加されることができる。このことは，1.4. 節で見た -ian の派生語の数は無制限

であるという記述と一致している。母音，鼻音，流音で終わる都市名では，-ian 派生語が圧倒的に用いられる。

⑦　-er は，Gallup と Philadelphia では派生語が見いだせなかったが，閉鎖音で終わる都市名では -er 派生語が圧倒的に用いられる。破擦音で終わる都市名の場合も，-er 派生語がやや優勢であるように思われる。閉鎖音で終わる都市名の中で Gallup が例外的であるが，そもそも /p/ で終わる都市名がまれで，有名な都市が見つからないので，用例の数が制限されていて，実態が反映されていない可能性がある。/p/ で終わる都市名の検証は今後の課題である。

⑧　-ese は，出身者・住民を表す接尾辞としては，多くの例で派生語を見いだせなかったが，その場合でもその土地の言語を表すものはかなり多くの都市名で確認できた。

4. まとめ

本稿では，インターネットでの検索調査により，先行研究の記述を検証すると共に，出身地・住民を表す接尾辞付加について，母音，鼻音，流音で終わる都市名では -ian 派生語が優勢であり，閉鎖音，破擦音で終わる都市名では -er 派生語が優勢であることを見いだした。

XI
受動名詞形について

―――――

0. はじめに

　本稿では，「動詞 + ing 形」の行為名詞化形（Action Nominal）が，派生名詞化形と異なり，なぜ対応する受動名詞形をもたないかを考察する。
　英語には，項構造をもつ名詞形として次の三種類がある。

(1) a. his drawing the picture
　　b. his drawing of the picture
　　c. the enemy's destruction of the city

　Lees (1960) に従い，(1a) のように目的語を直接取れる ing 名詞形を動名詞的名詞化形（Gerundive Nominal），(1b) のように目的語をとる場合に of が必要な ing 名詞形を行為名詞化形と呼ぶ[1]。また，Chomsky (1970) に従い，(1c) の名詞形を派生名詞化形と呼ぶことにする。
　Lees (1960) で指摘されているが，派生名詞化形は (2) に示されるように受動態に対応する受動名詞形が可能であるのに対し，行為名詞化形

　本稿の例文の一部について，新潟大学助教授 Ian C. Megill 氏にインフォーマントとして判断して頂いている。ここに記して感謝の意を表す。
　1) Lees (1960) の用語を採用しているが，行為名詞化形が対応する文から変形で導かれるという立場を採用するわけではない。Wasow and Roeper (1972) では，行為名詞化形を名詞的動名詞（Nominal Gerund）と呼び，動名詞的名詞化形を動詞的動名詞（Verbal Gerund）と呼んでいる。

は (3) に示されるように受動名詞形が不可能である。

(2) a. the committee's appointment of John
　　　b. John's appointment by the committee
(3) a. John's drawing of the picture
　　　b. *the picture's drawing by John

　Fraser（1970）にも同様の指摘がある。

(4) a. *His hitting by Mary (startled us).
　　　b. *Mary's giving of a book by John (was a nice gesture).
　　　c. *Their attacking by the Indians (sounded the alarm).

　Lees（1960）は，動名詞的名詞化形の場合にも，行為名詞化形と同様，次のように目的語が前置された属格形として現れることはないと述べている。

(5) a. John's drawing the picture
　　　b. *the picture's drawing by John

　しかしながら，動名詞的名詞化形の受動名詞形として (5b) を考えることは不自然である。次節で見るように動名詞的名詞化形は助動詞を内部に実現できることから，対応する受動名詞形は (5b) ではなく，(6) であると考えられる。

(6) the picture's being drawn by John

　すなわち，(3b), (5b) の形はあくまでも行為名詞化形の受動名詞形であり，動名詞的名詞化形の受動名詞形ではないことになる。そうであるならば，問題は，派生名詞化形，動名詞的名詞化形には対応する受動名詞形が (2b), (6) のようにそれぞれ存在するのに対し，行為名詞化形にはなぜ対応する受動名詞形がないのかということになる。

1. 動名詞的名詞化形と行為名詞化形

　前節で，動名詞的名詞化形の受動名詞形は (5b) ではなく (6) であると主張した．すなわち，動名詞的名詞化形には受動名詞形が存在すると主張した．まずこのことを裏付けておいてから，なぜ行為名詞化形だけが受動名詞形をもたないのかという課題に移ることにする．

　今述べた主張は，以下のように Lees（1960）自身が指摘しているような特徴に基づいている．

　第一に，動名詞的名詞化形は，行為名詞化形と異なり，助動詞を名詞形内部に保持できる．

(7)　a. his bringing up the box
　　　　b. his having brought up the box
(8)　a. his bringing up of the box
　　　　b. *his having brought up of the box

　第二に，動名詞的名詞化形は副詞を修飾語にとるのに対し，行為名詞化形は形容詞を修飾語にとる．

(9)　a. his drawing the picture rapidly
　　　　b. *his rapid drawing the picture
(10)　a. *his drawing of the picture rapidly
　　　　b. his rapid drawing of the picture

　第三に，属格形の主語がない場合，動名詞的名詞化形は冠詞をとらないのに対し，行為名詞化形は冠詞をとる．

(11)　a. his drawing the picture rapidly
　　　　b. *the drawing the picture rapidly
　　　　c. drawing the picture rapidly

(12) a. his rapid drawing of the picture
　　 b. the rapid drawing of the picture
　　 c. *rapid drawing of the picture

　最後に，動作を表さない動詞が行為名詞化形にならないのに対し，すべての動詞が動名詞的名詞化形になる。

(13) a. his having a hat
　　 b. his resembling his mother
　　 c. his believing it
(14) a *his having of a hat
　　 b. *his resembling of his mother
　　 c. *his believing of it

　このように見てくると，動名詞的名詞化形は主語が属格で表されることと，ing 語尾をもつことを除けば，完全に文構造に対応する内部構造を有すると考えられる。従って，動名詞的名詞化形の受動名詞形も文構造に対応する構造を有する (6) であると考える。これに対し，行為名詞化形はその内部構造において派生名詞化形と共通の構造をもつように見える。次節以降では，派生名詞化形と比較しながら，行為名詞化形が受動名詞形をもたない理由を考察する。

2. 派生名詞化形の特徴

　本節では，派生名詞化形と行為名詞化形の比較から行為名詞化形の受動名詞形が存在しない理由を考察していくために，まず，派生名詞化形とその受動名詞形の特徴を明らかにしておくことにする。Jaeggli (1986) の挙げている派生名詞化形の受動名詞形を見てみる。

(15) a. the barbarians' destruction of Rome
　　 b. Euler's proof of the theorem

2. 派生名詞化形の特徴

    c. Rembrandt's portrait of Aristotle
(16) a. the destruction of Rome by the barbarians
    b. the proof of the theorem by Euler
    c. the portrait of Aristotle by Rembrandt
(17) a. Rome's destruction by the barbarians
    b.?the theorem's proof by Euler
    c. Aristotle's portrait by Rembrandt

  (15)が能動態の文に対応する語順をもつ派生名詞化形であり，(16)では属格主語として表されていたものがby句により表されている。(17)では，属格主語として表されていたものがby句によって表されているだけでなく，of句として表されていた目的語が属格の位置に前置された形になっている。従って，受動文に対応する語順をもっている。このように(17)の語順をもつ名詞化形を受動名詞形と呼ぶ。

  (16)，(17)には主語に相当するものとしてby句が現れているが，この派生名詞化形に現れるby句は，その名詞句の意味役割が動作主に制限されるという特徴を持つ。

(18) a. The package was received by John.
    b.?*the receipt of the package by John
(19) a. Harry was feared by John.
    b. *the fear of Harry by John
(20) a. Danger was sensed by John.
    b. *the sense of danger by John
(21) a. Mary was respected by John.
    b. *the respect for Mary by John

(Jaeggli (1986))

  (18) – (21)の例で，(b)は派生名詞化形と共起しているby句が動作主でないため認められない。このことは，(a)の文における受動態のby句が能動態の主語に対応し，動作主という意味役割に限定されていないことと大きく異なっている。受動文では，by句が動作主に限定されな

いことは，以下の例からも示される。

(22) a. Hortense was pushed by Elmer. (AGENT)
　　 b. Elmer was seen by everyone who entered. (EXPERIENCER)
　　 c. The intersection was approached by five cars at once. (THEME)
　　 d. The porcupine crate was received by Elmer's firm. (GOAL)
　　 e. The house is surrounded by trees. (LOCATION?)

　　　　　　　　　　　　　　　　　　　　　　　　(Marantz (1984))

　派生名詞化形と受動文とでこのように by 句の意味役割に違いが生じることについて，Jaeggli (1986) は，受動文では動詞の受動接尾辞が主語の意味役割を受け取り[2]，そこから by 句に意味役割が転送されるのに対し，派生名詞化形では主語の意味役割を受け取る受動接尾辞がなく，従って，意味役割転送（θ-role transmission）も生じないため，by に初期設定されている動作主の意味役割の解釈を受けるためであると論じている。(15) - (17) では，この by 句の動作主の解釈と派生名詞化形のもつ主語の意味役割が衝突しないために容認可能な表現となっている。これに対して，(18b) - (21b) では，by 句の動作主解釈と派生名詞化形の主語意味役割が衝突するため容認不可能になっている。
　次に，(17) のように目的語が属格の位置へ前置される場合は，影響を受ける意味を表す目的語のみが属格の位置に前置できるという Anderson (1978) の被影響制約（Affectedness Constraint）が働いていると Jaeggli は考える。

(23) a. *great relief's expression by John
　　 b. the expression of great relief by John
　　 c. Great relief was expressed by John.
(24) a. *some money's gift to the library by John
　　 b. the gift of some money to the library by John
　　 c. Some money was given to the library by John.

---

　　2)　Baker, Johnson and Roberts (1989) でも，受動接尾辞が項であるとして基本的に同じ分析を行っている。

(25) a. *irregularities' acknowledgment by the senators
b. the acknowledgment of irregularities by the senators
c. Irregularities were acknowledged by the senators.

　(23) – (25) の (a) では，目的語が派生名詞化形で表される動作の影響を受けて変化するという意味をもたないので，属格の位置へ前置することが許されないことになる。(b) の名詞形は，目的語の前置をしていないので被影響制約に違反していない。さらに，by 句の表す動作主の意味が派生名詞化形の主語の意味役割と衝突をしないので容認可能な表現となっている。
　このような影響を受けない目的語名詞句の前置が許されないことを説明するために，Jaeggli は次のような分析を行っている。このような目的語前置を許さない派生名詞では，外的意味役割は随意的ではなく，必ず指定辞の位置に付与される。その結果，その位置への移動は θ 規準により許されず，非文法性を生み出す。Jaeggli は，このことを次の制約に定式化している。

(26) 被影響制約
　　 X の補部が影響を受けていないなら，X の外的意味役割を削除できない。

　この定式化には，問題点がある。まず，目的語が影響を受けて変化するか否かということと外的意味役割の削除可能性との関連が明確ではないことである。さらに，名詞句内で内項を外項の位置へ前置する操作は，正確に述べるなら，Fellbaum (1987) で論じられているように，派生名詞化形が達成（accomplishment）の意味を持つか否かで決定される。

(27) a. the cities' destruction by the barbarians
　　 b. *cities' destruction by the barbarians

　(27) では，destruction という同じ派生名詞化形が用いられており，目的語の「都市」はいずれの場合も破壊されるという影響を受けている。

それにもかかわらず，目的語の前置可能性が異なっている。(27a) と (27b) を分けているのは，論理的な目的語に形式上定冠詞が付いているか否かだけである。この違いにより派生名詞化形の表す動作が終点をもつか否かが異なってくる。すなわち，定冠詞の付いた「都市」は特定の都市を表しており，その都市をすべて破壊すれば動作の終点がやってくるのに対し，不定の都市を破壊するという場合には，反復的な活動を表すのみで終点が指定されていない。このように，目的語前置に適用される条件が達成事象であるか否かであると考える制約を達成事象制約と呼ぶことにする。

達成という事象には，必ず原因となる動作主・自然現象と結果状態が必要であることから，Jaeggli の被影響制約の「Xの補部が影響を受けていないなら」という条件を「Xが達成事象でないなら」と達成事象制約で読み替えると，外的意味役割が削除できないということと達成事象との間に関連を見いだすことができるかもしれない。しかし，目的語が前置されていても，外的意味役割が働いていると考えられる例がある。Roeper (1987) は，次のような例で，名詞の指定辞の位置に PRO を仮定してコントロールを説明している。

(28) a. the destruction of the building to prove a point
　　　b. ?*the building's destruction to prove a point

(28b) の例が認められないのは，PRO が入るべき位置に属格形が生じているため，PRO が生ぜずコントロールが不可能になるからだとしている。

しかし，この説明は受け入れられない。Fellbaum (1987) には次のような例が可能とされているからである[3]。

(29) a. the room's illumination to highlight the paintings
　　　b. the balloon's inflation to gain height
　　　c. the missile's deployment to scare the enemy

---

　3) Roeper の (28b) の容認可能性が低いのは，目的節の to prove a point という曖昧な表現と the building's destruction が意味的にうまく結びつかないためではないかと考えられる。

(29) の例は，事象によるコントロールとは考えられない例である。また，Roeperの主張するように，名詞の指定辞の位置にPROを仮定することもできない。従って，コントロールはPROを介してではなく，なんらかの外的潜在項により行われていると考えられる。従って，目的語前置が行われても外的意味役割が削除されるのではないことになる。目的語前置可能性の条件として，達成事象であるか否か（あるいは，影響を受けているか否か）が働いているとしても，そのことと外的意味役割の削除可能性とは関係がないことになる。また，(29) に存在する外的潜在項は，意味役割転送の基にはならないことに注意しなければならない。すでに見たように，派生名詞化形に現れるby句は動作主に限られ，派生名詞化形の外項と同じ範囲を共有するわけではないからである。

3. 行為名詞化形の特徴

本節では，前節で取り上げた派生名詞化形の受動名詞形の特徴と比較しながら，行為名詞化形の特徴を整理し，受動名詞形が存在しない理由を考察する。

前節で，派生名詞化形では共起するby句の補部名詞句の意味役割が動作主に限定され，派生名詞化形の外項も動作主という意味役割をもち，意味役割が衝突しない場合にのみ派生名詞化形とby句が共起することを見た。これに対して，行為名詞化形の場合には，by句にこのような限定がなされず，行為名詞化形の外項の意味役割に相当する意味役割の範囲がby句に認められる。

(30) a.?*the receipt of the package by John
 b. *the fear of Harry by John
 c. *the sense of danger by John
 d. *the respect for Mary by John   (Jaeggli (1986))
(31) a. the seeing of the movie by many people[4]

---

4)　(31) の例の判断は，Ian C. Megill氏のものである。

b. the fearing of the professor by many students
   c. the approaching of the intersection by five cars at once
   d. the surrounding of a house by trees

　(31)では，様々な外的意味役割がby句に認められているが，特に，(30b)で認められなかった経験者（Experiencer）という意味役割が(31b)の行為名詞化形のby句に認められている点は，派生名詞化形と行為名詞化形の違いを際だたせている。このように行為名詞化形が外的意味役割に相当する範囲の意味役割をby句に認めることは，受動文におけるby句と同じ特徴である。受動文において，by句に外項と同じ分だけの意味役割が認められるなら，意味役割転送という仕組みがあるとするJaeggli（1986）やBaker, Johnson and Roberts（1989）の分析が正しいならば，行為名詞化形の場合にも多様な意味役割転送の基になる外的意味役割の受け取り手が統語的に存在することになる。

　それでは，受動文における受動接尾辞と同じような，外的意味役割を受け取る統語的存在はどこに認められるのであろうか。次の例が手がかりを与えてくれる。

(32) a. the gangster's killing of the woman[5]
　　　b. the killing of the woman by the gangster
　　　c. *the woman's killing by the gangster
　　　d. the woman's killing
(33) a. Napoleon's writing of the letter
　　　b. the writing of the letter by Napoleon
　　　c. *the letter's writing by Napoleon
　　　d. (?) the letter's writing
(34) a. the carpenter's building of the house
　　　b. the building of the house by the carpenter
　　　c. *the house's building by the carpenter
　　　d.?the house's building

---

　5)　(32) - (36)の例の判断は，Ian C. Megill氏のものである。

(35) a. Roosevelt's touching of the table
　　 b. the touching of the table by Roosevelt
　　 c. *the table's touching by Roosevelt
　　 d. *the table's touching
(36) a. the gangster's kicking of the wall
　　 b. the kicking of the wall by the gangster
　　 c. *the wall's kicking by the gangster
　　 d. *the wall's kicking

　(32) – (36) の例から言えることは，① by 句を含む受動名詞形がすべて容認不可能であること，② by 句がない場合に目的語前置が許されている例があること，③ 目的語前置が許されている場合は達成事象の制約に従っていることである。
　(35), (36) の例では，目的語前置そのものが許されない。これは，行為名詞化形の基になっている動詞が接触・打撃の動詞であり，結果状態が存在しないため，達成事象制約に違反しているからである。
　(32) – (34) の例は，目的語前置がある場合に by 句が許されず，by 句がある場合に目的語前置が許されないという関係を示している。すなわち，行為名詞化形において，by 句は名詞化形の指定辞の位置が埋められていない時にのみ許される。そして，この by 句は行為名詞化形の外項と同じ意味役割の範囲を示し，意味役割転送が行われていることを示していると考えられる。そうすると，行為名詞化形の指定辞の位置に外的意味役割を受け取る統語的存在があると考えられる。本稿では，この統語的存在は，PRO であると考える。Roeper は，派生名詞化形の指定辞の位置に PRO を仮定したが，派生名詞化形の by 句の意味役割が動作主に限られることを考えると，派生名詞化形に PRO を仮定して意味役割転送を認めることは困難であるように思われる。これに対して，行為名詞化形の指定辞の位置に PRO を仮定することは，by 句の意味役割の範囲を説明するために妥当であると考えられる。また，to 不定詞と他の V-ing 形に PRO が仮定されることからも無理がないと考えられる。従って，本稿では，(32) – (34) の (c) のような受動名詞形が存在しないのは，目的語前置により PRO の位置が利用できず，by 句に意味役割転

送ができないためと考えられる[6]。

4. まとめ

　行為名詞化形には，受動名詞形が存在しないという現象が存在していた。本稿では，行為名詞化形に見られる by 句の意味役割の範囲を考慮すると，意味役割転送という操作が行われていること，この転送が行為名詞化形の指定辞の位置の PRO により行われること，及び，by 句の存在と目的語前置の現象が相補分布をなすことから，この位置が目的語前置を行った場合利用できなくなるという仕組みで上記の現象を説明した。

---

[6] 具体的には，PRO が存在する場合には名詞化形の NP の指定辞にあり，目的語前置が行われた場合，NP の指定辞から DP の指定辞へと渡り歩く移動が行われるため，PRO が利用できなくなると考える。

XII
総合的複合語に課される条件

0. はじめに

本稿では，Oshita (1995) で論じられた総合的複合語 (synthetic compound) の定義を再検討し，新しい定義を提案する。その際，総合的複合語に課される条件には，項構造に基づくものと事象構造に基づくものの二種類があると論じる。

第1節では，総合的複合語の新しい定義を提案し，第2節で，その新しい定義を提案する動機となる項構造に基づく条件と事象構造に基づく条件を順次検討していく。第3節はまとめである。

1. 総合的複合語の定義

Oshita (1995) は，従前の総合的複合語の定義を大きく (1) と (2) の二つにまとめている。

(1) 総合的複合語の形態的定義[1]

　本稿の例文の一部について，新潟大学助教授 Ian C. Megill 氏にインフォーマントとして判断して頂いている。ここに記して感謝の意を表す。
1) 定義の原文は以下の通り。
　　Morphological definition of synthetic compound

動詞から派生された主要部をもつ複合語は総合的複合語である。
(2) 総合的複合語の形態・意味役割的定義[2]
非主要部が動詞から派生された主要部の内項条件を満たす複合語は総合的複合語である。

(2)の形態・意味役割的定義の方が，主要部と非主要部の関係に重点を置いている点で，(1)の形態的定義よりも言語学的に重要な事実をとらえている．しかしながら，Oshita は，次のような例で形態と内項条件の間で不一致が起きていると主張する．

(3) a. taxi driver, screwdriver, city driver
　　 b. letter-writing, handwriting, pleasure writing
　　 c. man-made, hand-made, homemade

Oshita は，(3) では主要部が同じ形態でありながら，(2) に従うと taxi driver と letter-writing のみが総合的複合語の候補であるように見えると述べている．このような例から，Oshita は，形態的定義と語彙・統語的概念を切り離し，次の定義を提案した．

(4) 総合的複合語の語彙・統語的定義[3]
非主要部が，主要部の形態的起源に関係なく，主要部の義務項条件を満たす複合語は総合的複合語である．

(4) は，Grimshaw (1990) の考え方に基本的に従い，総合的複合語が項をとる性質をもつ主要部をもつものであると定義している．特に，義

　　　　A compound with a deveral head is a synthetic compound.
　2) 　定義の原文は以下の通り．
　　　　Morpho-thematic definition of synthetic compound
　　　　A compound whose nonhead satisfies the internal argument requirement of its deverbal head is a synthetic componnd.
　3) 　定義の原文は以下の通り．
　　　　Lexico-syntactic definition of synthetic compound
　　　　A compound whose nonhead satisfies the *obligatory* argument requirement of the head, *irrespective* of the latter's morphological origin, is a synthetic compound.

務項をとるか否かを基準として用いている点が新しい。
　(4)の定義を採用することにより，総合的複合語を(5)のような例に拡大する一方で，それまで総合的複合語と考えられてきた(6)のような例を排除した。

(5) water-resistant, city-bound, accident-prone
(6) coffee grinder, pipe cleaner, truck driver

　さらに，重要なことであるが，Oshita は，全ての動詞由来複合語（verbal compound）の内部構造が(7a)であり，(7b)ではないと主張している。

(7) a. [[X] [V-suff]]
　　　b. [[XV] -suff]

　本稿でも，Oshita と同様，総合的複合語の内部構造が(7a)であると考える。また，総合的複合語は主要部のもつ義務項をとる特性が反映されているものであるという考え方も基本的に賛成である。しかしながら，次節で見るように，主要部の他の語彙特性（すなわち，事象構造）により複合語の容認可能性が決められる例があることから，言語学的に有意義な一般化をするためには，主要部の項をとる性質だけでなく語彙特性を満たすように組み立てられた複合語を総合的複合語と考えるべきである。本稿では，主要部と非主要部のこのより広い関係をとらえる総合的複合語の定義を次のように提案する。

(8) 総合的複合語の述語語彙特性による定義
　　　非主要部が，主要部の形態的起源に関係なく，主要部の述語語彙特性条件を義務的に満たす複合語は総合的複合語である。

　述語語彙特性についての研究では，一般に，事象構造と呼ばれる述語の意味特性を表す表示レベルと述語項構造と呼ばれる統語特性を表す表示レベルが区別され，項構造は事象構造から派生されると考えられている（Grimshaw（1990），Jackendoff（1990），Levin and Rappaport Hovav

(1995))。(8) では，述語である主要部，あるいは，述語から派生され，述語の語彙特性を継承している主要部の語彙特性を満たさなければ認められない複合語を総合的複合語と定義している。

2. 総合的複合語に課される条件

本節では，最初に Oshita（1995）の総合的複合語の説明方法を概説し，本稿の総合複合語の説明方法との違いを順次明らかにしていく。

2.1. Oshita（1995）

Oshita が扱っている複合語は，次の二種類の複合名詞と五種類の複合形容詞である。

(9) 主要部が V-ing 形の複合名詞[4]
  a. (Careful) * (*spice-*)*blending* ensures the best taste in curries.
  b. (Persistent) * (*fund-*)*raising* may save the education library.
(10) 主要部が V-er 形の複合名詞
  a. *cleaner* a'. *pipe cleaner* a". *vacuum cleaner*
  b. *driver* b'. *truck driver* b". *test-driver*
(11) 主要部が V-ing 形の複合形容詞
  a. The * (*god-*)*fearing* man led the people to the Promised Land.
  b. They sell * (*odor-*)*destroying* insoles in this store.
(12) 主要部が V-en 形の複合形容詞
  a. the (*adult-*)*supervised* Halloween party
  b. Al works for the * (*Boston-*)*based* company.

---

 4) 主要部が V-ing 形名詞のとき，その名詞には，結果・具象名詞（result/concrete nominals），単純事象・過程名詞（simple event/process nominals），複雑事象名詞（complex event nominals）の三種類が有り，Oshita はそれぞれについて検討しているが，ここでは総合的複合語の複雑事象名詞を主要部にもつものだけを取り上げる。主要部が結果・具象名詞あるいは単純事象・過程名詞の場合は，非総合的複合語であり，本稿の議論には直接関わらない。

(13) 主要部が V-able 形の複合形容詞

    a. the *machine-washable* sweater

    b. These children are *teacher-trainable.*

(14) 主要部が動詞由来でない形容詞の複合形容詞

    a. the * (*water-*)*resistant* watch

    b. the * (*accident-*)*prone* workers

(15) 主要部が N-ed 形の複合形容詞

    a. a *red-faced* unhappy infant

    b. *rubber-soled* shoes

最後の (15) の複合語は語彙・統語論的定義に当てはまらないので,非総合的複合語として扱われている。残りの六種類は,主要部が義務項を必要とするか否かで,総合的複合語と非総合的複合語に分類されている。(14) の主要部の形容詞は,動詞から派生されているわけではないが,項構造をもち義務項を必要としている。従って,(14) の複合語は,総合的複合語である。

(9) − (13) の複合語の主要部は動詞から派生されており,Oshita は,それぞれ次に示すような基体動詞からの項構造の変化を指定している。

(16) Suffixation of *-ing* (complex event) [5]

    a. Morphological Process:]$_V$-ing]$_N$

    b. A-Structure Alternation: $(x\ (y)) \rightarrow Ev\ (x=\%\ (y)\ )$

(17) Suffixation of *-er*

    a. Morphological Process:]$_V$-er]$_N$

    b. A-Structure Alternation: $(x\ (y)) \rightarrow R=x\ <(x\ (y))>$

(18) Suffixation of *-ing* (adjectival)

    a. Morphological Process:]$_V$-ing]$_A$

---

  5) (16)-(20) における項構造の変化指定は,単純他動詞を例として記述してある。非対格動詞,二重目的語動詞など基体動詞の項構造が異なると表記が異なることになるが,非意味役割項の事象 (Ev) が加わるとか非意味役割項の指示 (R) が直接内項を束縛する等の操作は統一的に行われる。(19) は,Oshita (1995) で義務項を必要とする例が二重目的語に限られるので,二重目的語を例とした項構造の変化も追加指定してある。

　　　　b. A-Structure Alternation: (x (y)) → R=x (x (y))
(19) Suffixation of -*en* (adjectival)
　　　　a. Morphological Process:　]$_V$-en]$_A$
　　　　b. A-Structure Alternation: (x (y)) → R=y (x=Ø (y))
　　　　　　　　　　　　　　　　　(x (y (z))) → R=z (x=Ø (y (z)))
(20) Suffixation of -*able* (adjectival)
　　　　a. Morphological Process:　]$_V$-able]$_A$
　　　　b. A-Structure Alternation: (x (y)) → R=y (x=Ø (y))

　(16b) は，基体動詞の項構造に非意味役割項の事象 (Ev) が加えられ，外項が抑制された（suppressed）ことを示す。(17b) は非意味役割項の指示 (R) が導入され，R=x で派生された名詞が指し示すものが基体の外項に対応することを表す。このように基体のある項が派生語と指示関係で結びつくようになることを，その項が R 束縛（R-binding）されたと言うことにする。項構造の外側にある山形括弧「< >」は，項構造を無効にすることを表す。すなわち，V-er 形を主要部にもつ複合語の非主要部は，主要部の項構造の要請によって出てきたものではないことになる。

　(19b) の x=Ø は，外項が抑制されたのではなく，削除されて項構造に存在しないことを表す。Oshita がこのように項構造の変化を指定したのは，次の例のように，受動形容詞の場合には外項が出てこないことによる。

(21) a.*The window remained broken by the burglar.
　　　b. The window remained (un)broken during the civil unrest.

　以上，Oshita の派生による項構造変化の指定を見てきた。以下，それぞれが総合的複合語の資格とどのように関わるかを順次見ていく。(16) の複雑事象名詞を派生する -ing 付加は，非意味役割項の事象が加えられ，外項が抑制されるだけであるので，基体動詞の内項はそのまま継承される。従って，義務的内項をとる基体動詞から派生された複雑事象名詞の V-ing 形を主要部にもつ複合語は，義務項を非主要部にとらなければな

らないことから総合的複合語であることになる．本稿でもこの立場を採用する．

(17)のV-er形の派生語では，外項がR束縛され，項構造が無効にされるという変化が指定されている．これによると，主要部にV-er形をもつ複合語は，主要部が項構造を持たないことから義務項をとることなく，すべて非総合的複合語であることになる．本稿は，次節で見るように義務項を取らなければならない例が存在することから，この立場に反対する．

(18)のV-ing形容詞では，基体動詞の外項がR束縛されるが，内項はそのまま継承される．従って，基体動詞が義務的内項を持つ場合，その語彙特性がV-ing形容詞に継承されるので，そのような形容詞を主要部にもつ複合語は総合的複合語となる．本稿でもこの立場を採用する．

(19)，(20)の受け身の意味を持つ派生形容詞は，基体動詞の直接内項がR束縛され，外項が削除されるので，単純他動詞から派生された場合，義務項を要求する語彙特性が失われることになる．従って，(19)，(20)の派生形容詞が単純他動詞などの内項を一つだけとる基体動詞から派生された場合，この形容詞を主要部とする複合語は非総合的複合語となる．しかしながら，(19b)の2行目に示したように，基体動詞が複数の内項をとる場合，間接内項が項構造に残るため，この派生形容詞は間接内項を義務的に要求する．従って，複数の内項をとる基体動詞から派生された受動形容詞を主要部にもつ複合語は，総合的複合語となる．本稿でもこの立場を採用する．

本稿では，項構造に基づく語彙特性から要請された義務的要素の実現についてはOshitaに従うが，次節で見るように，事象構造から要請される義務的要素の実現という現象があることから，総合的複合語の定義を(8)のように拡大すべきであると主張する．

2.2. V-er形を主要部にもつ総合的複合語

Oshita (1995) では，V-er形を主要部に持つ複合語がすべて非総合的複合語であるとされた．これは，次に述べる理由による．すなわち，次の例に示されるように，主要部が同じ形をしていながら項と思われる要

素を非主要部に必ずしもとるわけではないことから，主要部が義務的に項をとっているのではないと考えられるからである。Oshita が提案した総合的複合語の語彙・統語的定義によると，主要部が義務項を要求しない複合語は，非総合的複合語であることになるからである。

(22) a. cleaner　　a'. pipe cleaner　　a". vacuum cleaner
　　 b. driver　　 b'. truck driver　　 b". test-driver
　　 c. grinder　　c'. coffee grinder　 c". water grinder
　　 d. fighter　　d'. fire-fighter　　 d". freedom fighter
　　 e. smoker　　 e'. cigarette smoker　e" chain smoker

　(22) の左列の例では V-er 形が単独で生じ，中央列の例では項に相当する要素が非主要部に生じ，右列の例では項とは言えない要素が非主要部に生じている。そして，V-er 形が項をとらなくとも容認不可能にならないことから，義務項を要求しない非総合的複合語であると考えられた。
　しかしながら，Selkirk (1982) の次の例が示すように，V-er 形で義務項を要求する例がある。

(23) a. *?She's an avid devourer.
　　 b. an avid devourer of trees
　　 c. tree devourer

　(23c) の複合語の主要部である devourer は，(23a,b) が示すように，単独で生ずることが出来ず，義務項を要求する。従って，(23c) の複合語は，Oshita の語彙・統語的定義に従っても，総合的複合語である。そうであると，V-er 形が基体動詞の項構造を無効にすると指定している (17) は，修正されなければならないことになる。(23) で示されるように，devourer は基体動詞の義務的目的語項を継承していると考えられるからである。
　また，Grimshaw (1990) で複雑事象名詞 (complex event nominal) を見分ける基準の一つとして用いられているように，動作主指向の形容

詞による修飾は名詞の項を取る特性を引き出す[6]。この形容詞を用いて，名詞が項を取る性質を有するか否かを診断することが出来る。次例に見られるように，この種類の形容詞がV-er形を修飾しているということは，そのV-er形が項を取る名詞であることを示す。

(24) a. a persistent eater of pasta[7]
　　 b. a careful eater of pasta

ここまでの議論から，(22)の例が示す，V-er形が項を取っても取らなくてもよいという性質は，V-er形が項を取らない名詞だからではなく，項を取る（すなわち，基体動詞の項構造を継承している）V-er形と項を取らない語彙化されているV-er形の二種類があるからであると考えた方がよい。従って，次の例が容認不可能であるのも，Selkirk（1982）が論じているように，複合語の主要部の項が非主要部に実現されていないことによると考えた方がよい。

(25) a. pasta eater in trees
　　 b. ??tree pasta-eater[8]
　　 c. *tree eater of pasta
　　 d. *pasta tree-eater

OshitaはV-er形が項を全く要求しないという立場から，(25c,d)の容認不可能性が次の理由によると考えている。すなわち，V-er形の語

---

[6] Oshita（1995）は，次のような例においても，項が文脈で与えられていない限り適格にはならないことから，動作主指向の形容詞に修飾された名詞が項をとる性質を有していると考えている。
　　(a) i. Relentless *hunting* will decrease the population of whales.
　　　　ii. Careful *blending* ensures the best flavor in coffee.
　　(b) Only frequent *examination* by the doctors kept John healthy.
[7] インフォーマントは，この例を"a person who eats pasta persistently in spite of the obstacle...for example, difficulty in rolling spaghetti with a fork"と解釈した。このことからも，この複合語が事象性を持ち，述語動詞の語彙特性を継承していることが分かる。
[8] (25b)の例は，Selkirk(1982)では単に容認可能として提示されていたが，Oshita(1995)では容認可能性が低いと判定されていた。私のインフォーマントも容認可能性が低いと指摘した。

彙概念構造において，基体動詞の内項に相当する参与者が（R束縛された項に相当する場合を除き）他の参与者より目立つので，その意味的な階層関係の違反により(25c,d)の容認不可能性が生じると考えている。しかしながら，上で見たように，V-er形が項をとる性質をもっていると考えられることから，ここであえて新しい階層関係を提案しなくとも，項構造で説明できると考えた方がよい。

　以上の議論から，基体動詞からV-er形を派生するときの項構造の変化は，(17)のように指定されるのではなく，次のように指定すべきである。

(26) Suffixation of -*er*
  a. Morphological Process:　$]_V$–er$]_N$
  b. A-Structure Alternation:　$(x\ (y)) \rightarrow R=x\ (x\ (y))$

　(26)では，単純他動詞を例にとって示してあるが，派生形は外項がR束縛されているだけで，項構造を無効にする操作は組み入れられていない。従って，V-er形は語彙化されていない場合項を取る性質をもつ。

2.3. V-en形を主要部にもつ総合的複合語

　前節までは，総合的複合語に対して課される項構造による条件を論じてきた。本節では，複合語の容認可能性を左右するものに項構造から出てくる条件だけでなく，事象構造から出てくる条件もあることを述べ，この条件に従う複合語も総合的複合語と考えた方がよいと主張する。

　Grimshaw and Vikner (1993) は，事象構造に基づく条件により義務的要素が要求される事例として，義務的付加詞（Obligatory Adjunct）の例を挙げている。(27)のような「建設的」達成動詞（"constructive" accomplishment verb）が受動態で用いられると，(28)，(29)のように付加詞が義務的となる。

(27) a. draw (a picture), knit (a sweater), dig (a hole)
   b. make, build, create, construct, erect, manufacture

c. cook (a turkey), paint (a house), fix, freeze, broil/fry/sauté, develop (a film)
(28) a. *This house was built/designed/constructed.
　　b. This house was built/designed/constructed by a French architect.
　　c. This house was built yesterday/in ten days/in a bad part of town/only with great difficulty.
(29) a. *Tomatoes are grown; *The best tomatoes are grown.
　　b. (The best) tomatoes are grown by organic-farmers/in Italy/organically.

しかしながら、(30) のような「破壊的」達成動詞 ("destructive" accomplishment verd) の場合には、受動態になっても義務的付加詞が要求されることはない。

(30) a. destroy, kill, shoot, ruin, break, arrest
　　b. The boat was destroyed (by the enemy).
　　c. The burglar was arrested/shot (by the police).

　義務的付加詞に関する建設的達成動詞と破壊的達成動詞の違いは、事象構造の統語的具現に課される適格性の条件により説明されるとされている。適格性の条件の一つに「下位事象が存在することを統語的に示す要素が存在しなければならない」というものがある[9]。達成動詞の事象構造は、行為の過程と達成された状態の二つの下位事象から成る。destroy のような破壊的達成動詞は、目的語である主題 (Theme) が行為の始まる前に存在しており、出来事の後で破壊されたことを表す。これに対して、建設的達成動詞は、主題は出来事全体が生ずるまでは存在しないということを表す。破壊的達成動詞では、主題は始めから関わって

---

9)　Grimshaw and Vikner (1993) では、事象に参与する項がこの働きをすると考えている。Rappaport Hovav and Levin (1998) では、次のような下位事象同定条件を提案している。
　　Subevent Identification Condition:
　　Each subevent in the event structure must be identified by a lexical head (e.g., a V, an A, or a P) in the syntax.

おり，破壊的達成動詞の行為の過程に参与していると言えるが，建設的達成動詞の主題は，行為が終わって完成するものであり，行為過程には参与していないと言える。従って，下位事象に参与する項は，(31)に示されるような形で，下位事象と結びついている。

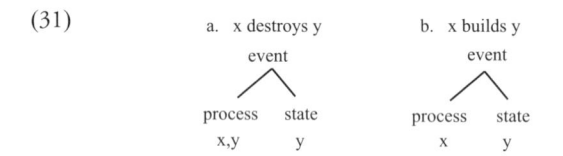

(31)　　　　a. x destroys y　　　　b. x builds y
　　　　　　　　event　　　　　　　　event
　　　　　　　／＼　　　　　　　　／＼
　　　　　process　state　　　　process　state
　　　　　　x,y　　　y　　　　　　x　　　y

Grimshaw and Vikner は，下位事象と結びついている参与者項がその事象を同定してくれると考える。従って，受動態になった場合，破壊的達成動詞の主題項が行為の過程と結果状態の両方を同定し，条件を満たすのに対して，建設的達成動詞の主題項は，結果状態しか同定しないので，行為過程を同定してくれる要素が必要となる。このことから，(28),(29)に見られるように，行為と結びつく意味を持つ付加詞が義務的になる。

Grimshaw and Vikner は，項構造条件と事象同定条件の組み合わせは，なぜ義務的付加詞が受動態に限定され，能動態に見いだされないかをも説明してくれると述べている。能動態では，下位事象は項構造を満たす要素により同定される。例えば，(32a)において，主語が design の process 成分を固定し，目的語が state 成分を同定する。

(32) a. Bill Blass designed the dress.
　　　b. *The dress was designed.

(33)　　　　　　　　Argument structure　　　Event structure
　　　design　　　　x, y　　　　　　　　　　[process, state]
　　　designed　　　x-Ø, y　　　　　　　　　[process, state]

従って，能動態では，事象構造の同定条件が働いていることが見えない。この条件は，項構造で要求される要素により自動的に満たされるからである。

しかしながら，受動態では，外項（この例では動作主）が抑制されている。外項の抑制は，(33) の 2 行目の Ø により表されている。抑制された項は，統語表現では満たされないことから，受動態では項構造に関する限り by 句は随意的になる。しかしながら，達成動詞の事象構造は，二つの部分が残っており，process と結果状態が共に同定されなければならない。従って，受動態では，項構造の要求と事象構造の要求が分離していることになる[10]。

　この義務的付加詞の現象は，複合語においても観察される。Grimshaw and Vikner も次の例を挙げている。

(34) a. *a designed house
　　　b. an architect-designed house
　　　c. a carefully designed house
(35) a. ??a photographed building
　　　b. a much-photographed building

　この他に，Grimshaw and Vikner が容認不可能と判定した (36a) の例に対して，(36b-d) のように義務的付加詞を付けると容認可能となる例もある。

(36) a. *a built house

---
　10)　Sadler and Spencer（1998）では，次のように表示されている。
　　　(a) i. Active form: Tom broke the vase.
　　　　　　[[x ACT] CAUSE [BECOME [BROKEN(y)]]]　　LCS
　　　　　　break: <x <y>>　　　　　　　　　　　　　　PAS
　　　　　　Tom　　　broke　　the vase.　　　　　　　syntax
　　　　　　SUBJECT　　　　　OBJECT
　　　　ii. Passive form: The vase was broken by Tom.
　　　　　　[[x ACT] CAUSE [BECOME [BROKEN(y)]]]　　LCS
　　　　　　broken: <(x) <y>>　　　　　　　　　　　　PAS
　　　　　　The vase was broken　(by Tom).　　　　　syntax
　　　　　　SUBJECT　　　　　　　OBLIQUE

b. a well-built house
　　c. a custom-built house
　　d. a factory-built house

　以上のように，事象構造に関わる条件から要請される義務的付加詞の現象を考慮に入れると，複合語の種類は三種類あることになる。主要部と非主要部の関係が，文脈等により意味的に結びつけられる主要複合語（primary compound），主要部の項構造により非主要部の選択が決定される複合語，主要部の事象構造から生じる条件で非主要部の選択が決定される複合語の三種類である。主要複合語以外の二種類の複合語は義務的要素を必要とする点で共通の特性を持つ。この二種類の複合語は従う条件が異なるが，義務的要素を必要とするという重要な特性を共有していることから，意味関係さえ保証されればどんな組み合わせも認められ，規則の定式化を受け付けない主要複合語とは大きく対立する。また，義務的要素を必要とする要請の出所は厳密には異なるが，主要部の関連した述語語彙特性から出てきていることを考慮すると，主要複合語と対立する複合語としてまとめて総合的複合語と定義するのが良いと思われる。このようなことから，(8)のような総合的複合語の述語語彙特性による定義を提案する。

3．まとめ

　本稿では，Oshita（1995）で論じられた総合的複合語の派生方法と定義を再検討し，派生方法の部分的修正と新しい定義を提案した。すなわち，項構造が基体動詞から派生語へ継承される場合の指定方法を V-er 形で変更する必要があって，総合的複合語に課される条件には，項構造に基づくものの他に事象構造に基づくものがあり，両者を統合する(8)の定義が望ましいと主張した。

本書について

　本書は，亡き大石強先生が新潟大学の学内研究誌に発表されてきた十二編の形態論関係の論文を一冊の研究書として纏めたものである。

　大石先生は，1984年4月に新潟大学人文学部に助教授として赴任し，1993年1月に教授に昇任された。2005年4月から同年10月まで人文学部副学部長の要職も務められたが，その間に病に倒れ，不幸にして2008年9月23日に帰らぬ人となった。

　大石先生は，形態論を中心的研究分野として，1988年に市河賞を受賞した『形態論』（開拓社）などの著書や，学会誌・専門誌に執筆した論文・紹介批評記事・書評など，多くの研究を公にしてこられた。

　これとは別に，大石先生は，学内研究誌にも多くの論文を執筆されてきた。しかしながら，学内誌の性格上，これらの業績が広く全国的に認知されてきたわけではなかった。人文学部学部長の關尾史郎先生と人文学部研究推進委員会委員長の桑原聡先生は，この点を非常に残念に思っておいでであったようで，大石先生が学内誌に発表された論文を一冊の研究書として出版することを強く勧めて下さった。

　本書の編集委員会のメンバーとしては，人文学部英語学研究室の土橋善仁先生と私の他に，加藤茂夫先生，本間伸輔先生，大竹芳夫先生にも加わって頂き，大石先生の発表論文のうち形態論関係の論文を『英語の語彙システムと統語現象』という題名を付して出版することに決定した。

　本書に収録されている論文の出典は以下の通りであり，転載に関しては各研究誌の発行責任者から快諾を頂いている。

　Ⅰ「派生名詞と θ 理論」　　『人文科学研究』76輯，1989年，pp.43-60.
　Ⅱ「項構造と語彙規則」　　『同上』82輯，1992年，pp.25-36.
　Ⅲ「心理動詞について」　　『Reunion』24号，1992年，pp.29-32.
　Ⅳ「語構造と束縛理論」　　『欧米の言語・社会・文化』1号，1995，pp.51-

63.
Ⅴ「英語名詞化における継承現象」　　『同上』2号，1996年，pp.41-65.
Ⅵ「二重目的語と総合的複合語」　　『同上』3号，1997年，pp.23-36.
Ⅶ「心理動詞と名詞化」　　　　　　『同上』6号，2000年，pp.27-47.
Ⅷ「語彙規則と表示レベル」　　　　『同上』7号，2001年，pp.1-18.
Ⅸ「派生動詞と使役交替」　　　　　『同上』8号，2002年，pp.103-117.
Ⅹ「接尾辞 -(i)an,-ite,-ese,-er について」『同上』10号，2004年，pp.31-50.
Ⅺ「受動名詞形について」　　　　　『同上』11号，2005年，pp.5-17.
Ⅻ「総合的複合語に課される条件」　『同上』13号，2007年，pp.1-15.

　で，各章の内容を簡単に紹介する。
　Ⅰ「派生名詞と θ 理論」
動詞の項の具現方法と派生名詞の項の具現方法を統一的に捉えるために，名詞的派生名詞と動詞的派生名詞を峻別し，同種表現でも項具現表現と非項具現表現を明確に区別して，派生名詞が「達成」の意味を表す場合にのみ前置操作が許されると考えることが必要であると論じている。
　Ⅱ「項構造と語彙規則」
能格動詞，中間動詞，受動動詞などの統語特性を考察し，それらの動詞の項構造指定と，その指定内容を導く語彙規則の性質を明らかにし，これまで提案されてきた外項化規則は動詞の派生に関与しないと論じている。
　Ⅲ「心理動詞について」
心理動詞に関わる統語現象を考察し，心理動詞は外項を持たないと考えるべきであると主張し，同時に心理動詞が外項を持つという立場を裏付ける統語現象を考察し，これらの現象は全く別の方法で説明されるべきであると論じている。
　Ⅳ「語構造と束縛理論」
束縛条件が語内部に適用しないことを実証的に明らかにし，これは，語内部に指示指標を持つ DP が生じないためであると考えることによって，形態論・統語論統一の立場を維持できると論じている。
　Ⅴ「英語名詞化における継承現象」

動詞を基体とする名詞形の派生において，範疇変化に伴って名詞形が被る影響を考察し，範疇変化とそれに結びつく意味概念変化の影響を差し引けば，語彙特性は原則的に継承されると考えられると論じている。
　Ⅵ「二重目的語と総合的複合語」
二重目的語を選択する動詞が総合的複合語に生じないことを，二重名詞句構造，名詞編入，内部領域の概念，厳密循環原理などを仮定することによって，説明することが可能であると論じている。
　Ⅶ「心理動詞と名詞化」
心理動詞と，その形容詞的受動形，そしてその名詞形の特徴を説明するために，心理動詞が基体として語根を持っていると考えることが必要であると論じている。この論文では，Ⅲの論文の立場が修正されている。
　Ⅷ「語彙規則と表示レベル」
基体と派生語の統語特性を適切に記述するためには，意味情報の変更が行われる語彙概念構造，項の数・階層の変更が行われる述語・項構造，そして，語彙特性に関与しない変更が行われる構成素構造の，三つのレベルが必要であると論じている。
　Ⅸ「派生動詞と使役交替」
使役起動交替に関わる他動詞と自動詞のうち，どちらを基底形と考えるべきかという問題に対して，この交替を起こす動詞の派生に関わる -ize，-ify，-en の三つの動詞形成接辞の付加現象を考察し，他動詞の集合が自動詞の集合と比べて大きいことを確認して，他動詞を基底形であると考えるべきであると論じている。
　Ⅹ「接尾辞 -(i)an,-ite,-ese,-er について」
地域都市の出身者や住民を表す場合に用いられる接尾辞の先行研究を検証するために，インターネット上での使用状況を調査し，その実態を明らかにしている。
　Ⅺ「受動名詞形について」
動詞 +ing の形式を持つ名詞形のうち，目的語や副詞を選択できない名詞形には，NP's V+ing by NP という形式の対応受動名詞形が存在しない。このことを説明するために，外項の意味役割転送操作と指定辞位置の PRO の存在を想定すべきであると論じている。
　Ⅻ「総合的複合語に課される条件」

複合語の中でも，生産性が高く規則定式化が可能な総合的複合語として，主要部の義務項条件を満たすものの他に，主要部の語彙的事象構造条件を満たすものが存在することを指摘し，総合的複合語に課せられる新たな条件を提案している。

　ここで，お世話になった多くの方々に感謝の意を表したい．まず，關尾史郎先生と桑原聡先生には，深くお礼を申し述べる．既に述べた通り，両先生の大石先生に対する暖かいお気持ちが本書出版の出発点であった．土橋善仁先生，本間伸輔先生，大竹芳夫先生には，校正作業にも加わって頂き，多くの貴重な時間を割いて頂いた．印刷論文を電子媒体化する際に PC による作業をして頂いた一ノ渡雄貴君にも，お礼を申し上げたい．最後に，知泉書館の小山光夫社長には，本書出版の全体に渡ってとても丁寧な編集作業をして頂いた．ここに深く感謝申し上げる次第である．

　本書は，このような様々な方々に支えられながら出版されるに至った．それだけに，大石先生も，本書の出版をきっと喜んでおられると思う．

2011 年 2 月

秋　孝道

参 考 文 献

Anderson, M. (1978) "NP Preposing in Noun Phrases," *Papers from the 8th Annual Meeting of North Eastern Linguistics Society,* 12–21, North Eastern Linguistic Society, UMass, Massachusetts.

―――. (1983–84) "Prenominal Genitive NPs," *The Linguistic Review* 3, 1–24.

Anderson, S. (1977) "Comments on the Paper by Wasow," *Formal Syntax*, ed. by P. W. Culicover, T. Wasow, and A. Akmajian, 361–377, Academic Press, New York.

有元将剛. (1989)「冗語要素の分布と補文構造」『英文学研究』第 66 巻, 65–80.

Aronoff, M. (1976) *Word Formation in Generative Grammar,* MIT Press, Cambridge, Massachusetts.

Baker, M. (1988). *Incorporation*, University of Chicago Press, Chicago.

―――, K. Johnson and I. Roberts (1989) "Passive Arguments Raised," *Linguistic Inquiry* 20, 219–251.

Barss, A. (1986) *Chains and Anaphoric Dependence: On Reconstruction and Its Implications*, Doctoral Dissertation, MIT.

Belletti, A., and L. Rizzi. (1988) "Psych-verbs and θ-theory," *National Language & Linguistic Theory* 6, 291–352.

Bolinger, D. (1977) *Meaning and Form*, Longman, London.

Borer, H. (1998) "Morphology and Syntax," *Handbook of Morphology*, ed. by A. Spencer and A. M. Zwicky, 151–190, Blackwell Publishers, Oxford.

Bresnan, J. (1982) "The Passive in Lexical Theory," *The Mental Representation of Grammatical Relations,* ed. by J. Bresnan, 3–86, MIT Press, Cambridge, Massachusetts.

Burzio, L. (1986) *Italian Syntax: A Government-Binding Approach*, Reidel, Dordrecht.

Carlson, G., and T. Roeper. (1980) "Morphology and Subcategorization: Case and the Unmarked Complex Verb," *Lexical Grammar*, ed. by T. Hoekstra, H. van der Hulst, and M. Moortgat, 123–164, Foris, Dordrecht.

Chomsky, N. (1970) "Remarks on Nominalization," *Readings in English Transformational Grammar*, ed. by R. Jacob and P. Rosenbaum, 184–221, Ginn, Waltham, Massachusetts.

―――. (1981) *Lectures on Government and Binding*, Foris, Dordrecht.

―――. (1986) *Knowledge of Language: Its Nature, Origin and Use*, Praeger, New York.

―――. (1994) *Bare Phrase Structure*, MIT Occasional Papers in Linguistics No. 5, MIT

Press, Cambridge, Massachusetts.

─────. (1995) *The Minimalist Program*, MIT Press, Cambridge, Massachusetts.

Condoravdi, C. (1989) "The Middle: Where Semantics and Morphology Meet," *MIT Working Papers in Linguistics* 11, 16–30.

Di Sciullo, A.M. and E. Williams. (1987) *On the Definition of Word*, MIT Press, Cambridge, Massachusetts.

Dryer, M. S. (1985) "The Role of Thematic Relations in Adjectival Passives," *Linguistic Inquiry* 16, 320 – 326.

Evans, G. (1980) "Pronoun," *Linguistic Inquiry* 11, 337–362.

Fabb, N. A. J. (1984) *Syntactic Affixation*, Doctoral Dissertation, MIT.

Fagan, S. (1988) "The English Middle," *Linguistic Inquiry* 19, 181–203.

Fellbaum, C. (1985) "Adverbs in Agentless Actives and Passives," *Papers from the 21th Regional Meeting of the Chicago Linguistic Society*, 21–31, Chicago Linguistic Society, Chicago.

─────. (1987) "On Nominals with Preposed Themes," *Papers from the 23th Regional Meeting of the Chicago Linguistic Society*, 79–92, Chicago Linguistic Society, Chicago.

─────. (1989) "On the 'Reflexive Middle' in English," *Papers from the 25th Regional Meeting of the Chicago Linguistic Society*, 123–132, Chicago Linguistic Society.

Fraser, B. (1970) "Some Remarks on the Action Nominalization in English," *English Transformational Grammar*, ed. by R. Jacobs and P. Rosenbaum, 83–98, Ginn, Waltham, New York.

Fujita, K. (1993) "Object Movement and Binding at LF," *Linguistic Inquiry* 24, 381–388.

─────. (1996) "Double Objects, Causatives, and Derivational Economy," *Linguistic Inquiry* 27, 146–173.

Grimshaw, J. (1990) *Argument Structure*, MIT Press, Cambridge, Massachusetts.

─────, and S. Vikner. (1993) "Obligatory Adjuncts and the Structure of Events," *Knowledge and Language, Vol. II, Lexical and Conceptual Structure*, ed. by E. Reuland, and W. Abraham, 143–155, Kluwer, Dordrecht.

Gruber, J. (1965) *Studies in Lexical Relations*, Indiana University Linguistics Club, Bloomington.

Haegeman, L. and H. Wekker. (1984) "The Syntax and Interpretation of Futurate Conditionals in English," *Journal of Linguistics* 20, 45–55.

Hale, K. and J. Keyser. (1986) *Some Transitivity Alternations in English, Lexicon Project Working Papers* 7, MIT Press, Cambridge, Massachusetts.

─────. (1993) "On Argument Structure and the Lexical Expression of Syntactic Relations," *The View from Building 20: Essays in Linguistics in Honor of Sylvain Bromberger*, ed. by K. Hale and S. J. Keyser, 53–109, MIT Press, Cambridge, Massachusetts.

─────. (1996) "The Basic Elements of Argument Structure," Ms., MIT.

Hoeksema, J. (1988) "Head-type in Morpho-syntax," *Yearbook of Morphology* 1988, ed. by

G. E. Booij, Jaap van Marle, and J. Vanmarie, 123–138.
堀内裕晃 (1995)「内在的格表示 (inherent Case-marking) と名詞化についての一考察」, 107–123, *Ars Linguistica*, Shizuoka University.
Horn, G. M. (1981) "Motionless and Traceless Sources of Passives," *Linguistic Analysis* 8, 15–68.
Hust, J. R. (1977) "The Syntax of the Unpassive Construction in English," *Linguistic Analysis* 3, 31–63.
Ito, T. (1991) "C-selection and S-selection in Inheritance Phenomena," *English Linguistics* 8, 52–67.
─── . (1995) "Non-inheritance of Marked Lexical-syntactic Properties,"『長谷川欣佑教授還暦記念論文集』93–104.
Iwata, S. (1995) "The Distinctive Character of Psych-verbs as Causatives," *Linguistic Analysis* 25, 95–120.
Jackendoff, R. S. (1972) *Semantic Interpretation in Generative Grammar*, MIT Press, Cambridge, Massachusetts.
─── . (1990) *Semantic Structures*, MIT Press, Cambridge, Massachusetts.
Jaeggli, O. A. (1986) "Passive," *Linguistic Inquiry* 17, 587–622.
Jones, M. A. (1988) "Cognate Objects and the Case-filter," *Journal of Linguistics* 24, 89–110.
影山太郎 (1993)『文法と語形成』ひつじ書房 .
─── . (1995)「ゼロ形態と概念構造」日本英文学会第 67 回大会発表 .
─── . (1996)『動詞意味論―言語と認知の接点―』くろしお出版 .
─── . (2000)「自他交替の意味的メカニズム」丸田忠雄・須賀一好 (編)『日英語の自他の交替』33–70, ひつじ書房 .
Keyser, S. J. and T. Roeper. (1984) "On the Middle and Ergative Constructions in English," *Linguistic Inquiry* 15, 381–416.
─── . (1992) "Re: The Abstract Clitic Hypothesis," *Linguistic Inquiry* 23, 89–125.
Kim, Y. and R. Larson. (1989) "Scope Interpretation and the Syntax of Psych-verbs," *Linguistic Inquiry* 20-4, 681–688.
小西友七・安井稔・國廣哲彌・堀内克明 (編) (1999)『CD-ROM 版ランダムハウス英語辞典 Version1.1』小学館 .
Larson, R. (1988) "On the Double Object Construction," *Linguistic Inquiry* 19, 335–391.
Lasnik, H. (1988) "Subject and the θ-criterion," *National Language & Linguistic Theory* 6, 1–17.
Lebeaux, D. (1986) "The Interpretation of Derived Nominals," *Papers From the 22th Regional Meeting of the Chicago Linguistic Society*, 231–247.
Lees, R. B. (1960) *The Grammar of English Nominalizations*, Mouton, The Hague.
Levin, B. and M. Rappaport Hovav. (1986) "The Formation of Adjectival Passives," *Linguistic Inquiry* 17, 623–661.
─── . (1995) *Unaccusativity: At the Syntax-lexical Semantics Interface,* MIT Press,

Cambridge, Massachusetts.
Lieber, R. (1992) *Deconstructing Morphology: Word Formation in Syntactic Theory*, University of Chicago Press, Chicago.
Lobeck, A. (1995) *Ellipsis: Functional Heads, Licensing, and Identification*, Oxford University Press, Oxford.
Marantz, A. (1984) *On the Nature of Grammatical Relations*, MIT Press, Cambridge, Massachusetts.
Marchand, H. (1960, 1969²) *The Categories and Types of Present-day English Word-formation: A Synchronic-diachronic Approach*, Otto Harrassowitz, Wiesbaden.
丸田忠雄 (1998)『使役動詞のアナトミー:語彙的使役動詞の語彙概念構造』松柏社.
Massam, D. (1992) "Null Objects and Non-thematic Subjects," *Journal of Linguistics* 28, 115–137.
May, R. (1985) *Logical Form: Its Structure and Derivation*, MIT Press, Cartrige, Massachusetts.
Meys, W. J. (1975) *Compound Adjectives in English and the Ideal Speaker-listener: A Study of Compounding in a Transformational Generative Framework*, North-Holland Publishing Company, Amsterdam.
Miyagawa, S. (1997)"Light Verb make and the Notion of Cause," Ms., MIT.
─────.(1999) "Causatives," in *The Handbook of Japanese Linguistics*, ed. by N. Tsujimura, 236–268, Blackwell Publishers, Oxford.
Morita, J. (1985) "X-bar Morphology and Synthetic Compounds in English," *English Linguistics* 2, 42–59.
Myers, S. (1984) "Zero-Derivation and Inflection," *MIT Working Papers in Linguistics* 7, 53–69, MIT, Cambridge, Massachusetts.
OED. (1999) *The Oxford English Dictionary on CD-ROM, Version 2*, Oxford University Press, Oxford.
Oehrle, R. (1976) *The Grammatical Status of the English Dative Alternation*, Doctoral Dissertation, MIT.
大石 強. (1988)『形態論』開拓社.
─────. (1989)「派生名詞とθ理論」『新潟大学人文科学研究』第76輯, 43–60.（本書収録）
─────. (1991)「語の項構造について」『現代英語学の歩み』開拓社 383–392.
─────.（1996）「英語名詞化における継承現象」『欧米の言語・社会・文化』第2号 41–65.（本書収録）
─────.（2000）「心理動詞と名詞化」『欧米の言語・社会・文化』第6号, 27–47.（本書収録）
Oshita, H. (1994) "Argument Structure Template and Formation of English Deverbal Adjectives," *MIT Working Papers in Linguistics* 23, 247–265.
─────. (1995) "Compounds: A View from Suffixation and A-structure Alternation," *Yearbook of Morphology 1994*, ed. by G. Booij and J. van Marle, 179–205, Kluwer

Academic Publishers, Dordrecht.
Perlmutter, D. M, and P. M. Postal. (1994) "The 1-advancememt Exclusiveness Law," *Studies in Relational Grammar* 2, ed. by D. M. Perlmutter and C. G. Rosen, 81–125, University of Chicago Press, London.
Pesetsky, D. (1985) "Morphology and Logical Form," *Linguistic Inquiry* 16, 193–246.
―――――. (1987) "Binding Problem with Experiencer Verbs," *Linguistic Inquiry* 18, 126–140.
―――――. (1995) *Zero Syntax : Experiencers and Cascades*, MIT Press, Cambridge, Massachusetts.
Postal, P. M. (1969) "Anaphoric Islands," *Papers from the 5th Regional Meeting of the Chicago Linguistic Society*, 205–239, Chicago Linguistic Society, Chicago.
Quirk, R. and S. Greenbaum. (1973) *A University Grammar of English*, Longman, London.
―――――, G. Leech, and J. Svartvik. (1985) *A Comprehensive Grammar of the English Language*, Longman, London.
Randall, J. H. (1985) *Morphological Structure and Language Acquisition*, Garland, New York.
―――――. (1988) "Inheritance," *Syntax and Semantics 21: Thematic Relations*, ed. by W. Wilkins, 129–146, Academic Press, San Diego.
Rappaport Hovav, M. and B. Levin. (1992) "-*Er* Nominals: Implications for the Theory of Argument Structure," *Syntax and Semantics* 26, ed. by T. Stowell and E. Wehrli, 127–153, Academic Press, San Diego.
―――――. (1998) "Morphology and Lexical Semantics," *Handbook of Morphology*, ed. by A. Spencer and A. M. Zwicky, 241–271, Blackwell Publishers, Oxford.
Ritter, E. (1991) "Two Functional Categories in Noun Phrases: Evidence from Modern Hebrew," *Syntax and Semantics* 25, ed. by S. D. Rothstein, 37–62, Academic Press, San Diego.
Roeper, T. (1981) "On the Deductive Model and the Acquisition of Productive Morphology," *The Logical Problem of Language Acquisition*, ed. by C. L. Baker and J. J. McCarthy, 129–50, MIT Press, Cambridge, Massachusetts.
―――――. (1987) "Implicit Arguments and the Head-complement Relation," *Linguistic Inquiry* 18, 267–310.
―――――. (1990) "Implicit Arguments and Implicit Roles: How Theta-roles Become Syntactic," Ms., UMass.
―――――, and M. E. A. Siegel. (1978) "A Lexical Transformation for Verbal Compounds," *Linguistic Inquiry* 9, 199–260.
Rothstein, S. D. (1992) "Case and NP Licensing," *National Language & Linguistic Theory* 10, 119–139.
Rozwadowska, B. (1988) "Thematic Restrictions on Derived Nominals," *Syntax and Semantics* 21, ed. by W. Wilkins, 147 – 65, Academic Press, San Diego.
Sadler, L. and A. Spencer. (1998) "Morphology and Argument Structure," *Handbook of*

Morphology, ed. by A. Spencer and A. M. Zwicky, 206–236, Blackwell, Oxford.
Safir, K. (1987) "The Syntactic Projection of Lexical Thematic Structure," *Natural Language & Linguistic Theory* 5, 561–601.
Sato, H. (1990) *A Study of Expletives and Case Theory*, MA thesis, Niigata University.
Schlesinger, I. M. (1989) "Instruments as Agents: On the Nature of Semantic Relations," *Journal of Linguistics* 25, 189–210.
Selkirk, E. O. (1982) *The Syntax of Words*, MIT Press, Cambridge, Massachusetts.
Shibatani, M. and T. Kageyama. (1988) "Word Formation in a Modular Theory of Grammar," *Language* 64, 451–484.
Siegel, D. (1973) "Nonsources of Unpassives," *Syntax and Semantics* 2, ed. by J. Kimball, 301–317, Academic Press, New York.
Sproat, R. (1985) *On Deriving the Lexicon*, Doctoral Dissertation, MIT.
Stroik, T.S. (1992) "Middles and Movement," *Linguistic Inquiry* 23, 127–137.
―――. (1994) "Saturation, Predication, and the DP Hypothesis," *Linguistic Analysis* 24, 9–61.
Talmy, L. (1985) "Force Dynamics in Language and Thought," *Papers from the Parasession on Causatives and Agentivity at the 21th Regional Meeting of the Chicago Linguistic Society*, 297–337, Chicago Linguistic Society, Chicago.
Tsujimura, N. (1999) "Lexical Semantics," *Handbook of Japanese Linguistics*, ed. by N. Tsujimura, 349–377, Blackwell Publishers.
Wasow, T. (1977) "Transformations and the Lexicon," *Formal Syntax*, ed. by P. W. Culicover, T. Wasow, and A. Akmajian, 327–360, Academic Press, New York.
―――. (1980) "Major and Minor Rules in Lexical Grammar," *Lexical Grammar*, ed. by T. Hoekstra, H. van der Hulst, and M. Moortgat, 285–312, Foris, Dordrecht.
―――, and T. Roeper. (1972) "On the Subject of Gerunds," *Foundations of Language* 8, 44–61, Reidel, Dordrecht.
Williams, E. (1981) "Argument Structure and Morphology," *Linguistic Review* 1, 81–114.
―――. (1987) "English as an Ergative Language: The Theta Structure of Derived Nouns," *Papers From the 23th Regional Meeting of the Chicago Linguistic Society*, 366–75, Chicago Linguistic Society, Chicago.
由本陽子 (1995)「動詞の接辞付加と意味構造」日本英文学会第 67 回大会発表．
―――, 正木芳子 (1994)「書評論文：Rochelle Lieber: Deconstructing Morphology: Word Formation in Syntactic Theory」『言語研究』 105, 110–130.

索　引

AFF　65
Anderson, S.（1977）　100
Anderson, M.（1978）　4, 61, 150
Baker（1988）　71, 80
Baker, Johnson and Roberts（1989）　150, 154
Belletti and Rizzi（1988）　15, 29, 60
Bolinger（1977）　10
Bresnan（1982）　100, 101
Burzio（1986）　19
Carlson and Roeper（1980）　18
Chomsky（1970）　145
─────（1981）　121
─────（1986）　31, 39, 57, 106
─────（1995）　68, 72
CP　44, 45
C 統御　29, 30, 32, 33, 41, 51, 73, 76, 78
Di Sciullo and Williams（1987）　37, 38, 41
DP　38, 43–47, 55, 71, 156
Dryer（1985）　100, 102
D 構造　15, 16, 18, 30–36
Fabb（1984）　43
Fagan（1988）　20, 23, 24
Fellbaum（1985）　24
─────（1987）　4, 13, 17, 26, 61, 91, 151, 152
─────（1989）　25
Fraser（1970）　146
Fujita（1996）　75
Grimshaw（1990）　27, 30, 33, 34, 51, 56, 93, 105, 158, 159, 164
Grimshaw and Vikner（1993）　166–69
Haegeman and Wekker（1984）　84

Hoeksema（1988）　43
Horn（1981）　100
INFL　23, 28
INFL-V 同一指標付け　27
Ito（1991）　49
─────（1995）　49, 63, 64
Iwata（1995）　59, 60
Jackendoff（1972）　36
─────（1990）　61–65, 98, 159
Jaeggli（1986）　7, 8,11, 12, 25, 149–54
Jones（1988）　22
Keyser and Roeper（1984）　22, 23, 117
─────（1992）　23
Kim and Larson（1989）　33
Larson（1988）　67, 71, 75
Lebeaux（1986）　6–9
Lees（1960）　145–47
Levin and Rappaport Hovav（1995）　111, 120, 119, 159
LF　33, 68, 69, 83,
Lieber（1992）　37–47, 67, 70, 78, 95
Lobeck（1995）　55
Marantz（1984）　150
Marchand（1960）　16, 118, 119
─────（1969）　123, 124
Massam（1992）　23–25
May（1985）　32, 33
Miyagawa（1997）　84
Morita（1985）　43
Myers（1984）　81, 90, 93, 114
Num　55, 56
OED（1999）　91, 124, 126–28
Oehrle（1976）　82
of 主題付加詞規則　64

Oshita（1994） 86–89, 96, 102–05
────（1995） 157–65
Perlmutter and Postal（1984） 80
Pesetsky（1985） 68
────（1995） 53, 54, 62, 63, 79–84
Postal（1969） 38, 39
PP 44
PRO 23–26, 28, 31, 32, 51, 152, 153, 155, 156
Quirk and Greenbaum（1973） 9
Quirk et al.（1985） 5, 9, 117–19, 123–25, 127
R（eferential） 12
Randall（1985） 3, 16, 18
────（1988） 3, 18, 50, 108, 121
Rappaport Hovav and Levin（1998） 99, 167
Ritter（1991） 55
Roeper（1981） 18
────（1987） 11, 18, 25–27, 152
────（1990） 25
Roeper and Siegel（1978） 68
Rothstein（1992） 21–23
Rozwadowska（1988） 3, 4, 7, 8, 14–18
Sadler and Spencer（1998） 99, 169
Safir（1987） 14
Sato（1990） 32
Schlesinger（1989） 11
Selkirk（1982） 7, 35, 68, 93, 164, 165
Shibatani and Kageyama（1988） 37
Sproat（1985） 37, 39, 43
Stroik（1992） 23, 24, 27, 28
────（1994） 55
Talmy（1985） 115
Target/Subject Matter（T/SM） 81–86, 90
Tough 構文 52, 58
Tsujimura（1999） 97, 111
UAH 80
UTAH 71, 80
Wasow（1980） 100
Wasow and Roeper（1972） 145

Williams（1981） 18, 100
────（1987） 7, 11, 12
with 主題付加詞規則 64
θ 役割 3–10, 12–14, 16–18, 20, 21, 25–28, 30–32, 45, 46, 58, 69, 70, 72, 73, 80, 107

ア 行

有元（1989） 32
一様性の原理 121
移動規則 22, 36, 70
一致 55, 56
意味役割 31, 32, 36, 51, 57, 80–85, 91, 96, 98–102, 105, 109, 119, 149–56, 158, 161, 162
意味役割転送 150, 153–56
大石（1989） 30, 60
────（1991） 20
────（1996） 108
────（2000） 105
オンセット使役動詞 115, 116

カ 行

外項 12, 18–23, 25–28, 34–36, 45, 61, 81, 86, 88–94, 102–05, 151, 153–55, 162, 163, 166, 169
格フィルター 46, 47
格照合 47, 105–08
格素性 47
格理論 46, 52
影山（1993） 37
────（1995） 62, 98
────（1996） 114
────（2000） 114
可視性の条件 46, 70
カスケード構造 83
過程名詞 6, 56, 160
含意動作主 23, 51,
基体 49–52, 54, 66, 86, 94, 95, 102, 105, 107, 109, 124, 161–66, 170

疑似項　31, 32
義務項条件　158
義務的付加詞　166–70
逆行束縛　82, 83
虚辞　20, 22, 28, 31, 32
空範疇原理　68, 73, 76–78
軽動詞　56
軽名詞　56
形容詞的受動形　79, 81, 84–86, 88–91, 94, 102–04
結果・具象名詞　160
結果を表す名詞　6
原因項　80, 113
厳密循環の条件　68, 73, 74, 76–78
語彙概念構造　85, 95–99, 114, 116
語彙規則　19–21, 23, 28, 85, 95, 97, 98, 100, 105, 106, 108, 109
語彙的使役動詞　115
語彙論　37, 47
行為名詞化形　145–48, 153–56
項構造　3, 6–10, 19, 20, 34–36, 55, 56, 61, 84–86, 90–96, 98, 99, 102, 103, 105, 109, 145, 157, 159, 161–66, 168–70
項降格　23
構成素構造　95, 96
項付加詞　27, 93
小西他（編）（1999）　119, 120
痕跡　20, 22, 69, 73, 76–78
コントロール　24–27, 51, 152, 153

サ　行

作用域　32, 33
使役交替　97–99, 111–22
指示指標　38, 40–43, 45–47
指定辞　5, 8, 9, 12, 14, 16, 17, 26, 42, 44, 151–53, 155, 156
小節　58, 107
受動形容詞　100–02, 104, 105, 162, 163
受動動詞　19, 25, 27, 28, 100
主題階層　30, 31, 33, 34, 36

主題役割付与均一性仮説　71
述語繰上げ　77
主部移動制約　76
主要部　4, 9, 12, 13, 16, 34, 36, 42–46, 66, 74, 83, 158–66, 170
主要複合語　43, 170
主要部統率　66
照応形　24, 30, 33, 34, 47, 84
照応の島　38
心理動詞　14–18, 29–36, 53, 59–61, 79–86, 90, 92–94, 105
接語　23, 25, 27, 81
接辞付加　28, 81, 93, 113, 114, 116, 117, 121, 123, 125
ゼロ接辞　81–83, 90, 93, 114
相　34, 35
阻害音　120
総合的複合語　34–36, 38, 43, 46, 51, 67–72, 77, 78, 157–64, 166, 170
束縛　15, 24, 30, 33, 34, 38–43, 46, 47, 82–84, 161–63, 166

タ　行

多重動詞句構造　77, 96
対格　21, 22, 27, 28
代入　73, 77
第一投射の条件　35, 36, 68
達成　13, 16, 91, 92, 151–53, 155, 166–69
単純事象・過程名詞　160
中間規則　28
中間動詞　19, 22–27
同延の使役動詞　115
統率　28, 66
動詞句内主語仮説　78, 96
動詞的派生名詞　5–7, 18
動詞由来複合語　159
投射の原理　18
動名詞的名詞化形　145–48

ナ 行

内項　15, 18–24, 27, 28, 34–36, 45, 60, 61, 86, 91, 92, 96, 102, 103, 151, 158, 161–63, 166
内項条件　158
内在格　57–59, 65, 76, 106, 107
内部領域　68, 72–78
能格規則　12, 22, 28, 118
能格動詞　19–23, 27, 28, 53, 61, 98, 114

ハ 行

破擦音　128, 136, 144
派生名詞化形　145, 146, 148–55
反使役化　62, 99, 114
非意味役割項　161, 162
被影響制約　150–52
鼻音　128, 138, 144
非対格動詞　20–22, 88, 89, 103, 104, 161
非使役化　59, 60
付加詞　22, 27, 51, 57, 64, 93, 105, 107, 108, 166–70
複雑事象名詞　160, 162, 164
分析的使役構文　82–84
閉鎖音　128, 129, 144
編入　45–47, 67, 70, 72–78
補部　4, 44–46, 55, 56, 58, 61, 65, 67, 70–73, 76–78, 80, 107, 108, 151–53
堀内（1995）　65

マ～ラ 行

摩擦音　128, 132
丸田（1998）　85, 90, 92, 115
名詞編入　67, 70, 72–74, 76
名詞的派生名詞　5, 6, 9, 18
目的語経験者動詞　114, 115
由本（1995）　50
由本・正木（1994）　41, 42, 46
流音　128, 138, 144
リンキング　80, 96, 105
例外的格標示　52, 57, 58, 107
連結効果　15

大石　強（おおいし・つよし）

1950年新潟県生まれ。新潟大学教育学部卒業。東北大学大学院文学研究科博士課程中退。文学修士。弘前大学人文学部助手，講師，助教授を経て，新潟大学人文学部助教授，教授，2008年逝去。

〔著書〕『音韻論』（共著，研究社，1985年），『形態論』（開拓社，1988年），『あなたの知らない英語の法則』（共著，新潟日報事業社，2002年）他。

〔論文〕「接尾辞-izeと使役・起動交替」（『市川賞36年の軌跡』開拓社，2003年），「複合V-en形容詞と編入可能要素」（『現代形態論の潮流』くろしお出版，2005年），「学習英文法と語形成可能要素」（『英語青年』研究社，2005年），「使役・起動交替の条件」（『言語研究の現在』開拓社，2008年）他。

〈新潟大学人文学部研究叢書 7〉

〔英語の語彙システムと統語現象〕　　ISBN978-4-86285-103-1

2011年3月20日　第1刷印刷
2011年3月25日　第1刷発行

著　者　大　石　　強
発行者　小　山　光　夫
製　版　ジャット

発行所　〒113-0033 東京都文京区本郷1-13-2
　　　　電話03(3814)6161 振替00120-6-117170
　　　　http://www.chisen.co.jp
　　　　株式会社　知泉書館

Printed in Japan　　　　印刷・製本／藤原印刷

新潟大学人文学部研究叢書の刊行にあたって

　社会が高度化し，複雑化すればするほど，明快な語り口で未来社会を描く智が求められます。しかしその明快さは，地道な，地をはうような研究の蓄積によってしか生まれないでしょう。であれば，わたしたちは，これまで培った知の体系を総結集して，持続可能な社会を模索する協同の船を運航する努力を着実に続けるしかありません。

　わたしたち新潟大学人文学部の教員は，これまで様々な研究に取り組む中で，今日の時代が求めている役割を果たすべく努力してきました。このたび刊行にこぎつけた「人文学部研究叢書」シリーズも，このような課題に応えるための一環として位置づけられています。人文学部が蓄積してきた多彩で豊かな研究の実績をふまえつつ，研究の成果を読者に提供することを目ざしています。

　人文学部は，人文科学の伝統を継承しながら，21世紀の地球社会をリードしうる先端的研究までを視野におさめた幅広い充実した教育研究を行ってきました。哲学・史学・文学を柱とした人文科学の分野を基盤としながら，文献研究をはじめ実験やフィールドワーク，コンピュータ科学やサブカルチャーの分析を含む新しい研究方法を積極的に取り入れた教育研究拠点としての活動を続けています。

　人文学部では，2004年4月に国立大学法人新潟大学となると同時に，四つの基軸となる研究分野を立ち上げました。人間行動研究，環日本海地域研究，テキスト論研究，比較メディア研究です。その具体的な研究成果は，学部の紀要である『人文科学研究』をはじめ各種の報告書や学術雑誌等に公表されつつあります。また活動概要は，人文学部のWebページ等に随時紹介しております。

　このような日常的研究活動のなかで得られた豊かな果実は，大学内はもとより，社会や，さらには世界で共有されることが望ましいでしょう。この叢書が，そのようなものとして広く受け入れられることを心から願っています。

2006年3月

新潟大学人文学部長
芳 井 研 一